Pilgern Stätten und Wege in Deutschland, Österreich und der Schweiz

Pilgern

Stätten und Wege in Deutschland, Österreich und der Schweiz

Birgit Althaus

MOEWIG

Impressum

© edel entertainment GmbH, Hamburg
www.moewig.de

Originalausgabe

Umschlagabbildung:
Corbis, Stapleton Collection, Düsseldorf
Text: Birgit Althaus (für Lesezeichen Verlagsdienste)
Layout: Ulrike Selders (für Lesezeichen Verlagsdienste)
Konzept, Redaktion und Satz:
Lesezeichen Verlagsdienste, Köln
ISBN: 978-3-927801-23-3

Printed in Germany

Danksagung

All denen sei gedankt, die bereitwillig persönlich, am Telefon oder in Form von Informationsmaterial Rede und Antwort gestanden haben. Besonderer Dank gilt der Brudermeisterin Hannelore Bartscherer, den Pfarrern von Pilgerkloster Tempzin und Sankt Michael in Violau sowie Tom Clauß und Helene Weinold-Leipold für Ihre Fotos.

Bildnachweis

5 picture-alliance/dpa/dpaweb; 6 picture-alliance/HB-Verlag; 8 Tom Clauß; 9 picture-alliance/akg-images/Rabatti-Domingie; 10 Tom Clauß; 12, 13 picture-alliance/Bildagentur Huber; 14 picture-alliance/HB-Verlag; 15, 17, 18 imago/Werner Otto; 19 imago/Jahnk; 20 imago/Werner Otto; 21 picture-alliance/HB-Verlag; 22 imago/nordpol/Riediger; 23 imago/Schöning; 24 picture-alliance/Bildagentur Huber; 25, 26 picture-alliance/HB-Verlag; 27 imago/Werner Otto; 29 picture-alliance/Bildagentur Huber; 31 picture-alliance/akg-images; 32 picture-alliance/HB-Verlag; 33, 34 picture-alliance/dpa; 36 imago, Werner Otto; 37, 38, 39 Xantener Dombauverein; 41, 42, 43 picture-alliance/dpa; 44 picture-alliance/akg-images/Erich Lessing; 45 picture-alliance/dpa; 46 picture-alliance/akg-images/Erich Lessing; 47 picture-alliance/dpa/dpaweb; 48 picture-alliance/akg-images/Cameraphoto; 49 picture-alliance/KNA-Bild; 50 picture-alliance/epd; 51 picture-alliance/akg-images; 52 picture-alliance/Bildagentur Huber; 53 picture-alliance/akg-images; 54 picture-alliance/akg-images/Hilbich; 56 picture-alliance/dpa/dpaweb; 57 picture-alliance/Bildagentur Huber; 58 picture-alliance/HB-Verlag; 59 picture-alliance/dpa; 60 picture-alliance/HB-Verlag; 61 picture-alliance/dpa; 62 picture-alliance/HB-Verlag; 63 picture-alliance/akg-images/Erich Lessing; 64 links imago/Papsch; 64 rechts picture-alliance/dpa; 65 links picture-alliance/HB-Verlag; 65 rechts imago/imagebroker/mäling; 67 picture-alliance/akg-images/Guenter Hogen; 69 picture-alliance/akg-images; 70, 71 picture-alliance/dpa/dpaweb; 73 picture-alliance/Bild-agentur Huber; 74 picture-alliance/IMAGNO/Gerhard Trumler; 77 picture-alliance/dpa; 78 picture-alliance/Bildagentur Huber; 80 picture-alliance/dpa; 81 picture-alliance/dpa/dpaweb; 82 picture-alliance/Bildagentur Huber; 83 picture-alliance/dpa; 84, 85 Helene Weinold-Leipold; 87 picture-alliance/IMAGNO/Gerhard Trumler; 88, 89 picture-alliance/Bildagentur Huber; 90 picture-alliance/akg-images/Florian Profitlich; 92 picture-alliance/akg-images; 93 picture-alliance/HB-Verlag; 94 picture-alliance/akg; 95 picture-alliance/HB-Verlag; 96, 98, 99, 101, 102 picture-alliance/Bildagentur Huber; 104, 105 picture-alliance/dpa 107 picture-alliance/Bildagentur Huber; 108 picture-alliance/Helga Lade Fotoagentur GmbH; 109 picture-alliance/HB-Verlag; 110/111 picture-alliance/Bildagentur Huber; 112 picture-alliance/IMAGNO/Gerhard Trumler; 113 picture-alliance/akg-images/Erich Lessing; 115 picture-alliance/dpa; 116 picture-alliance/Bildagentur Huber; 117 picture-alliance/OKAPIA KG, Germany; 118 links picture-alliance/akg-images/Erich Lessing; 118 rechts picture-alliance/akg-images/Erich Lessing; 120, 121 picture-alliance/Bildagentur Huber; 122 picture-alliance/ZB; 123 picture-alliance/akg-images; 125 picture-alliance/Bildagentur Huber; 126 picture-alliance/dpa; 127, 129, 130, 131 picture-alliance/ZB; 132 picture-alliance/91020/KPA/WHA; 133 picture-alliance/ZB; 134 picture-alliance/HB-Verlag; 136 picture-alliance/Helga Lade Fotoagentur GmbH; 137 picture-alliance/ZB; 138 picture-alliance/Bildagentur Huber; 139 picture-alliance/HB-Verlag; 140 picture-alliance/IMAGNO/Gerhard Trumler; 141 picture-alliance/OKAPIA KG, Germany; 142 picture-alliance/dpa; 143 picture-alliance; 144 picture-alliance/HB-Verlag; 145 picture-alliance/IMAGNO/Gerhard Trumler; 146 picture-alliance/HB-Verlag; 147 picture-alliance/Bildagentur Huber; 148 imago/imagebroker/Bahnmüller; 149 picture-alliance/akg-images; 152 picture-alliance/Helga Lade Fotoagentur GmbH; 153 picture-alliance/HB-Verlag; 154 picture-alliance/IMAGNO/Gerhard Trumler; 155 picture-alliance/dpa; 156 picture-alliance/IMAGNO/Gerhard Trumler

Inhalt

Vorwort

Wenn mir vor vielleicht 30 Jahren prophezeit worden wäre, ich würde in meinem Leben regelmäßig pilgern, ich hätte den Kopf geschüttelt und es für unmöglich gehalten. Tatsache ist: seit 1986 gehe ich Jahr für Jahr zu Fuß einen Pilgerweg von Köln nach Trier über mehrere Tage, durch Wald und Feld, durch Sonne und Regen.

Was ist geschehen? Warum mache ich das und was macht das mit mir?

Am Anfang stand die Anfrage, ob ich eine Wallfahrt organisieren und letztendlich auch an ihr teilnehmen wolle. Als damalige Pfarrgemeinderatsvorsitzende wollte ich mich dem nicht verweigern und sagte mit gemischten Gefühlen zu. Diese ersten Pilgertage beeindruckten mich tief. Die Erfahrung von Spiritualität, körperlicher Herausforderung und Gemeinschaftserlebnis hatte und hat etwas Faszinierendes. Wanderexerzitien sagen die einen, „Beten mit den Füßen“ nennen es die anderen.

Für mich war und ist es noch viel mehr:
· Sich mit einem bestimmten Bibelwort zu beschäftigen
· Gebetsstationen als Impuls für den eigenen Glauben zu erleben
· gute Gemeinschaft zu erfahren, die trägt, und
· körperliche Belastung, die bis an die Grenze des Leistbaren geht.
All das gehört dazu.

Ich erkenne Pilgern als Abbild meines Lebensweges, als auf ein Ziel hin Unterwegssein, mit Höhen und Tiefen, auf Irr- und Umwegen. Ich sehe Pilgern als eine bewusst gewählte Aus-Zeit, die befähigt, sein Tun neu auszurichten, sich selbst zu hinterfragen und den eigenen Glauben in den Mittelpunkt des Nachdenkens zu stellen.

Ich erlebe Tage voller Fröhlichkeit und Lachen, die Kummer und Sorgen nicht nehmen können, aber die Last leichter werden lassen. Pilgern berührt und verändert, wird Auftank-Station.

Gott sei Dank, dass ich das erleben und mit vielen teilen darf.

Dieses Buch lässt Sie teilhaben an der großen Faszination, die vom Pilgern ausgeht.

Hannelore Bartscherer, Brudermeisterin

Tempzin

Info

Name: Weg der heiligen Birgitta von Schweden
Ort: von Stralsund nach Lüneburg, Pilgerkloster Tempzin, Tempzin

Pilgerkloster Tempzin, An der Klosterkirche
D-19412 Tempzin, Tel. 038483/28329
Fax 038483/28329

Informationen über den Wegverlauf und die Herbergen sind beim Pilgerkloster Tempzin erhältlich.

Seit 1989 gibt es, ausgehend von dem ehemaligen Antoniterhospital und -kloster in Tempzin, eine neue Pilgerbewegung, die sich 1994 als Verein „Pilgerherberge Kloster Tempzin e. V." konstituierte. Der Verein organisiert regelmäßig einen ökumenischen Pilgerweg und andere Aktivitäten. Diese geführten Pilgerwanderungen reaktivieren die alten Jakobspilgerwege oder folgen dem Weg der heiligen Birgitta von Schweden auf ihrem Weg nach Santiago de Compostela. Birgitta ging 1341 mit ihrem Mann Ulf in Stralsund an Land und begab sich in südwestliche Richtung. Vermutlich orientierte sie sich an größeren Ansiedlungen, christlichen Gemeinden und Klöstern sowie den Orten, an denen wichtige Reliquien aufbewahrt wurden, wie die Christ-Blut-Reliquie im Schweriner Dom.

Pilger tragen ihr Kreuz zum Pilgerkloster Tempzin in Mecklenburg-Vorpommern.

Ob die heilige Birgitta (1303–1373) tatsächlich als einfache Pilgerin in Tempzin übernachtet hat, ist nicht bewiesen, aber sie war eine der – sowohl religiös als auch politisch – bemerkenswertesten Frauen des Mittelalters. Schon als Kind hatte Birgitta Visionen, 13-jährig wurde sie mit Ulf Gudmarsson verheiratet. Sie bekam acht Kinder, von denen sechs überlebten. 1335 wurde ihr Mann Reichsrat am Hof von König Magnus Eriksson, sie selbst Hofmeisterin seiner Tochter Bölanche. 1339 ist eine erste Wallfahrt des Ehepaares nach Nidaros (Trondheim/Norwegen) belegt, 1341 eine Pilgerreise nach Santiago de Compostela. Nach ihrer Rückkehr lebte Birgitta zurückgezogen in der Nähe von Alvastra, Ulf zog sich in das Zisterzienserkloster Alvastra zurück, wo er 1344 starb. Seit 1342 häuften sich Birgittas Visionen, die von einem Priester niedergeschrieben wurden. In einer dieser Visionen erhielt sie den Auftrag, ein Kloster zu gründen. König Magnus Eriksson schenkte ihr 1346 das dafür benötigte Land bei Vadstena. 1349 pilgerte sie nach Rom, um vom Papst die Anerkennung ihres Birgittenordens zu erwirken. Ihre Regeln wurden zwar

1370 approbiert, aber vor der endgültigen Anerkennung 1378 starb sie in Rom, in ihrem Haus an der Piazza Farnese. Ihre Tochter, die heilige Katharina, ließ ihre Gebeine nach Vadstena überführen. Papst Bonifatius IX. sprach Birgitta 1391 heilig, und einige Jahre später (1396) wurde sie zur Schutzheiligen von Schweden ernannt. Papst Johannes Paul II. ernannte sie 1998 gar zur Schutzpatronin Europas.

Die heutige Pilgerstrecke, die sich an dem vermuteten Weg von 1341 orientiert, sieht folgendermaßen aus: Stralsund, Franzburg, Tribsees/Bad Sülze, Thelkow, Laage, Güstrow, Bützow, Rühn, Baumgarten, Groß Labenz, Weiße Krug, Blankenberg, Tempzin, Brüel, Kaarz, Schönlage, Wendorf, Weberin,

Giovannantonio di Francesco Sogliani (1492–1544): „Die heilige Birgitta von Schweden erlässt die Ordensregel", 1522

Pinnow, Schwerin, Stralendorf, Camin, Boizenburg, Lauenburg bis Lüneburg.

Seit Frühjahr 2007 gibt es eine 90 Kilometer lange Strecke zwischen Güstrow und Schwerin, die mit dem weißen Birgittenkreuz auf der Jakobsmuschel und gelben Pfeilen einen Teil des Weges auch für Einzelpilger oder Gruppen zugänglich macht, die nicht zeitgleich mit den Tempzinern pilgern können oder wollen. Der Rest der Strecke wird bis 2008 ausgeschildert.

Das Kloster Tempzin entstand 1222 durch eine Schenkung des Fürsten Heinrich Borwin an die Antoniter, die hier ein Hospital unterhielten. Im Laufe der Jahrhunderte kam das Kloster zu Wohlstand. 1552 wurde es jedoch im Zuge der Reformation aufgehoben, die ehemalige Wallfahrtskirche wurde zur Pfarrkirche, und die Klostergebäude wurden teilweise abgerissen. Die Steine verwendete man zum Bau des Schweriner Schlosses.

Ora-et-labora-Einsätze

Der Verein „Pilgerherberge Kloster Tempzin" erwarb in den 1990er Jahren nach und nach die alten Gebäude, um sie zu restaurieren. Aus diesem Bemühen um die Erhaltung des Klosters sind die Ora-et-labora-Wochen entstanden, zu denen jeder Gläubige willkommen ist und mithelfen kann.

Seit 2002 gibt es auch eine kleine Gemeinschaft, die hier in Tempzin lebt, geleitet vom Vereinsgründer Pastor Joachim Anders und seiner Frau. Sie lädt zu den Tageszeitengebeten ein, organisiert die Pilgerwanderungen und übernimmt die Seelsorge und Betreuung der Gäste und Pilger, die hier einkehren.

Pilgerherberge Kloster Tempzin

Info

Name: Wallfahrt zum heiligen Ansverus
Ort: Ratzeburger Dom, Sankt Georg auf dem Berge, Sankt Answer, Ratzeburg
Hochtage: 15. und 18. Juli, 2. Sonntag im September; ganzjährig

Dompropstei, Domhof 35, D-23909 Ratzeburg
Tel. 04541/3406, Fax 04541/6853
buero@ratzeburgerdom.de, www.ratzeburgerdom.de
oder
Sankt Georg auf dem Berge, Wedenberg 9
D-23909 Ratzeburg, Tel. 04541/898591
Fax 04541/898592, kirchenbuero@st-georgsberg.de
www.st-georgsberg.de
oder
Katholisches Pfarramt Sankt Answer, Fischerstraße 1
D-23909 Ratzeburg, Tel. 04541/3410
pfarramt@ansveruskreuz.de

Schon sehr früh fühlte sich Answer (oder Ansverus), 1038 in Schleswig geboren, zu Gott berufen. Statt das Kriegshandwerk zu erlernen, wie es sein Vater wünschte, brach er nach einem Traum, in dem er sich als Abt eines Klosters sah, unter einem Vorwand nach Ratzeburg auf und trat dort, gerade einmal 15 Jahre alt, in das Benediktinerkloster Sankt Georg auf dem Berge ein. Hier zeichnete er sich besonders durch Strenge gegen sich selbst aus, was Verwunderung und auch Bestürzung wegen der Härte seiner asketischen Übungen, aber auch Bewunderung für seinen starken Willen und Glauben auslöste. Nach dem Tod des Abtes wurde er alsbald von seinen Brüdern zum neuen Abt gewählt. Answer sah sich aber nicht nur als Abt eines Klosters, sondern fand seine eigentliche Berufung in der Missionierung der Slawen, die in dieser Gegend zwischen den Sachsen siedelten und noch nicht zum Christentum bekehrt waren. Auf der Ratzeburger Insel gab es z. B. ein der Göttin Siwa geweihtes Heiligtum.

1066, bei einem Aufstand der Slawen, wurde der getaufte Slawenfürst Gottschalk von seinen eigenen Leuten im Kloster Lenzen erschlagen, die sächsische Bevölkerung hatte schrecklich zu leiden. Am 15. Juli fielen schließlich die Slawen in das Kloster Sankt Georg und die Kirche ein, zerstörten diese und nahmen Answer und 18 seiner Brüder gefangen. Sie wurden ins nahe Einhaus auf den Rinsberg gebracht und dort gesteinigt. Der Legende nach bat Answer, als Letzter gesteinigt zu werden, damit er sich um seine sterbenden Brüder kümmern und ihnen seelischen Beistand leisten könne.

Die Gebeine von Answer wurden in den Trümmern der Kirche Sankt Georg unter dem Altar bestattet. Eine alte Steinplatte mit der Aufschrift „Ostium Sepulcri“ (Eingang zum Altargrab), die noch heute zu sehen ist, weist auf das Grab hin.

Die Heiligsprechung

Papst Eugen III. sprach Answer im Jahr 1147 heilig. Mit Baubeginn des Ratzeburger Doms ab 1160 unter Bischof Evermod von Ratzeburg verlor Sankt Georg seine Bedeutung für die Stadt, daher wurden die Gebeine des

Heiligen 1170 feierlich erhoben und in den neuen Bischofssitz überführt, der bis 1220 fertiggestellt wurde. Der Dom in Ratzeburg ist einer der ältesten erhaltenen Kirchenbauten Norddeutschlands. Zusammen mit der Klosteranlage der Prämonstratenser und dem Kreuzgang ist der Gebäudekomplex eine der am vollständigsten erhaltenen Anlagen nicht nur der Backsteinromanik, sondern der Spätromanik insgesamt in Europa. Das Ansverusgrab ist wahrscheinlich mitsamt der Gebeine während der Reformation 1566 zerstört worden, zumindest weiß man nichts über deren Verbleib. Mit der Reformation wurde der Dom eine protestantische Kirche, ebenso Sankt Georg auf dem Berge.

Die Wallfahrt

Mitte des 15. Jahrhunderts ist an der Stelle der Steinigung bei Einhaus ein Radkreuz aus gotländischem Kalkstein errichtet worden. Auf dem Kreuz waren ursprünglich der Stifter oder der kniende Ansverus unter dem Kreuz Jesu abgebildet. Dieses Radkreuz ist unter dem Namen Ansveruskreuz bekannt und Ziel der Pilger.

Die katholische Kirche Sankt Answer organisiert alljährlich am zweiten Sonntag im September eine Wallfahrt zu diesem Kreuz. Der Weg sieht bei der Kirche Sankt Georg auf dem Berge eine kurze Pause vor, dann geht es einige Kilometer weiter bis zur Anhöhe am Ratzeburger See, wo das Ansveruskreuz steht. Dort wird ein abschließender Gottesdienst gefeiert.

Nach der lauenburgischen evangelisch-lutherischen Kirchenordnung von 1585 soll am

links: Der Ratzeburger Dom
rechts: Das malerische Panorama von Ratzeburg

Sonntag nach dem Hochfest des Heiligen das „Te Deum" gesungen und des Ansverus gedacht werden.

Im Ratzburger Dom findet sich zwar nicht mehr das Grab des Ansverus, aber auf einer Tafel im Altarraum des Doms sind das Leben und der Märtyrertod des Heiligen in zwölf Bildern mit erläuternden Unterschriften dargestellt. Sie stammt noch aus vorreformatorischer Zeit. In der Kirche Sankt Georg auf dem Berge erinnert ein Kirchenfenster an den Heiligen, der hier zunächst als Mönch, dann als Abt gelebt hat. Das Glasfenster zeigt die Steinigung bei Einhaus. Steine sind auch die Beigabe bzw. das Erkennungsmerkmal für Ansverus: In der Kirche Sankt Laurentius in Ziethen nahe Ratzeburg hält die Answerstatue Steine in der Hand.

Der Mönchsweg

Seit Juni 2007 ist der Mönchsweg, ein Radpilgerweg zwischen Glückstadt an der Elbe und Puttgarden auf der Ostseeinsel Fehmarn, eröffnet. Er folgt auf 342 Kilometern den Spuren der ersten Missionare durch Holstein, besonders den Kirchengründungen und Wirkungskreisen des heiligen Vicelin. Thematisch zeichnet er also ein Stück schleswig-holsteinische Kirchen- und Kulturgeschichte nach. Der Mönchsweg berücksichtigt schon bestehende Radwanderrouten, ist aber mit seinem eigenen Logo ausgeschildert: ein geöffnetes Fenster, das den Blick freigibt auf eine Kirche auf blauem Grund.

Die Strecke

Die Strecke führt durch vier Landkreise (Steinburg, Segeberg, Plön und Ostholstein) und bindet vier schon bestehende Nord-Süd-Radwege ein, den Nord- und den Ostseeradwanderweg, den Ochsenweg und den Elbradwanderweg. Der Verlauf auf diesen bestehenden Wegen ist also bestens erprobt und wird durch das Mönchsweglogo ergänzt. Da der Mönchsweg als Pilgerstrecke per Rad ausgelegt ist, sind die einzelnen Streckenabschnitte entsprechend länger als bei einem Fußweg. Die empfohlene Radwanderkarte zum Mönchsweg gibt die kleinsten Abschnitte in Fünf-Kilometer-Abständen an, sodass die Möglichkeit besteht, sich seine persönlichen Etappen – ob per Rad oder zu Fuß – zusammenzustellen.

Info

Name: Mönchsweg
Orte: von Glückstadt nach Puttgarden/Fehmarn
Radfernweg Mönchsweg, Zentrale Informationsstelle
Tel. 0180/543045, info@moenchsweg.de
www.moenchsweg.de

Der Bielefelder Verlag hat eine Radwanderkarte und einen Führer zum Mönchsweg herausgegeben, die im Buchhandel erhältlich sind. Die Karte zeigt den genauen Streckenverlauf im Maßstab 1:50 000, und die Highlights in kirchlicher, kultureller und touristischer Hinsicht werden kurz vorgestellt.

Der Hafen von Glückstadt

Die Mission in Norddeutschland

Unter Karl dem Großen begann vor 800 die Christianisierung des Nordens, denn nach der Unterwerfung der Sachsen hatte sich Karls Herrschaftsgebiet bis an die Elbe nach Glückstadt ausgedehnt. In diesem Gebiet waren vor allem angelsächsische Missionare wie Willehad, der spätere Bischof von

Bremen (780), tätig. Nordelbien war Missionsgebiet des späteren Bischofs von Hamburg, Ansgar (801–865), dem Apostel des Nordens. Adaldag, der Bischof von Hamburg-Bremen (937–988), hat hier die Christianisierung verstärkt fortgesetzt. 948 wurden die Bistümer Schleswig, Ribe und Arhus gegründet. Die sächsischen Stämme der Holsten, Stormarn und Dithmarscher waren um 1000 fast vollständig zum Christentum bekehrt. Hinter dem *limes saxoniae* hielten die Slawen und Sachsen aber noch an ihrer Religion fest, auch wenn sich schon so mancher Fürst, etwa der Abodritenfürst Gottschalk (siehe auch Seite 11), hatte taufen lassen. Die letzte erfolgreiche Missionswelle geht auf Vicelin zurück, den Apostel Wagriens (Ostholstein), dessen Spuren der Mönchsweg zum Teil folgt.

Das Portal der katholischen Vicelinkirche in Neumünster

Der heilige Vicelin

Vicelin wurde um 1090 in Hameln geboren, verlor früh seine Eltern und wurde von seinem Onkel erzogen, der Geistlicher in Fühlen bei Hameln war. Vicelin studierte Theologie in Paderborn und lehrte danach einige Jahre als Scholaster in Bremen am Domstift (ab 1118). Um seine Ausbildung zu vervollständigen, ging er 1122 an die Universität von Laon (Frankreich). 1126 kehrte er als Missionar nach Deutschland zurück. Von Erzbischof Adalbero von Bremen erhielt er den Auftrag, die Wagrier/Slawen im Raum Lübeck zum christlichen Glauben zu bekehren. Diese Aufgabe gestaltete sich wegen der Stammeskämpfe bei den Abodriten besonders schwierig. 1127 gründete Vicelin das Augustiner-Chorherrenstift in Neumünster, und 1134 riet Vicelin Kaiser Lothar III. zur Gründung der Feste Segeberg mit einem weiteren Augustinerstift. Nach dem siegreichen

Etappen

Von	über	nach	km	km gesamt
Glückstadt	Krempe	Beidenfleth	22	22
Beidenfleth	Itzehoe	Breitenberg	30	52
Breitenberg	Kellinghusen	Weddelbrook	25	77
Weddelbrook	Bad Bramstedt	Großenaspe	15	92
Großenaspe	Klingt	Bad Segeberg	32	124
Bad Segeberg	Dalldorf	Bornhöved	27	151
Bornhöved	Stocksee	Bosau	23	174
Bosau	Plön	Malente	23	197
Malente	Uklei	Eutin	23	220
Eutin	Gömnitz	Neustadt	21	241
Neustadt	Grömitz	Cismar	30	271
Cismar	Oldenburg/Holstein	Neukirchen	28	299
Neukirchen	Heiligenhafen	Großenbrode	17	316
Großenbrode	Burg/Fehmarn	Puttgarden/Fehmarn	26	342

Feldzug 1147 gegen die Wenden/Slawen wurden die Bistümer Oldenburg/Holstein, Ratzeburg und Mecklenburg wieder restituiert, und 1149 wurde Vicelin Bischof von Oldenburg. Leider konnte er hier nicht mehr lange wirken: 1150 erlitt er einen Schlaganfall, 1152 einen zweiten. Danach zog er sich für die letzten Jahre seines Lebens in das Kloster in Neumünster zurück.

1154 starb Vicelin. Nachdem er zunächst in Neumünster bestattet worden war, wurden seine Gebeine nach seiner Heiligsprechung 1332 in das von Neumünster nach Bordesholm verlegte Augustinerstift überführt. Sein Grab ist heute nicht mehr nachweisbar.

Sein Gedenktag ist sein Todestag, der 12. Dezember. Ihm zu Ehren wurden viele Kirchen, die ihre Entstehung seiner Missionstätigkeit verdanken, auch Vicelinkirchen genannt. Sie stehen heute noch in Segeberg, Bornhöved, Pronstorf, Bosau, Ratekau, Süsel, Warder, Bad Oldesloe und Sasel. Weitere nach ihm benannte Kirchen stehen in Lübeck, Norderstedt und Neumünster. Diese Dorf- und Pfarrkirchen sind meist einfache Feldsteinbauten.

Der Weg beginnt

Um 800 begannen die ersten Mönche ihren Missionsweg an der Mündung der Stör in die Elbe. Sie folgten den Windungen des Flusses landeinwärts. Doch die Weisung Karls des Großen, jeden, der sich nicht bekehren ließ, zu töten, machte diese Mission für die Missionare gefährlich. Sie stießen auf erhebliche Gegenwehr, und so waren ihnen wenig Erfolg und Glück beschieden. Auf mehr Glück hoffte der Dänenkönig Christian IV. 1616, als er an ebendieser Mündung die Stadt Glückstadt gründete, deren Wahrzei-

rechts: Das Rathaus in Krempe

chen – die Glücksgöttin Fortuna – die Stadtkirche krönte. Glückstadt sollte als Militärbasis mit Hafen der Hansestadt Hamburg Konkurrenz machen.

Auch der Pilger folgt dem Störufer bis nach Itzehoe. Hier sind noch die Reste einer Zisterzienserinnenabtei vorhanden. Im Kreuzgang herrscht nach wie vor die friedliche Ruhe, die zum Nachdenken einlädt. Sehenswert ist aber das heutige Wahrzeichen der Stadt: die Laurentiikirche, erbaut zwischen 1716 und 1718. Sie ist einem der populärsten Heiligen des Mittelalters geweiht, dem heiligen Laurentius, der auf einen Rost gebunden, lebendig verbrannt worden ist und dabei noch darum gebeten haben soll, ihn zu wenden.

Wohl einer der schönsten Renaissancebauten steht nur wenige Kilometer von Itzehoe entfernt: Schloss Breitenburg. Eine Legende von hilfreichen Zwergen rankt sich um den Besitz der Familie Rantzau auf Schloss Breitenburg, die ihren Wohlstand und beständiges Glück diesem kleinen Volk und ihrem Gold verdanken soll. Das Schloss ist bis auf wenige Unterbrechungen seit dem 16. Jahrhundert in Familienbesitz – eine wahre Seltenheit.

Die Kirche Sankt Anschar, südlich von Itzehoe, und die Kirche Sankt Cyriacus in Kellinghusen, eine der nächsten Etappen der Reise, stammen aus dem 12. Jahrhundert und sollen auf das Wirken des Apostels Ansgar hinweisen.

Der Teufel wirft Steine

Auch die Kirche von Stellau zeigt an ihrem Hochaltar zwei Statuen der beiden wichtigsten Personen der holsteinischen Christianisierung: Bischof Ansgar und Bischof Vicelin. Ein interessantes Detail findet sich vor der Kirche: Im nahen Mönkloh wohnte der Sage nach der Teufel mit seiner Großmutter. Als die Kirche in Stellau gebaut wurde (um 1230), wollte er dies unbedingt verhindern und schleuderte mithilfe des Strumpfbandes seiner Großmutter einen riesigen Feldstein Richtung Stellau, der den Bau nur um wenige Meter verfehlte. Statt des Teufels findet der Pilger heute in Mönkloh eine Waldkapelle, die zur Besinnung einlädt.

In Bad Bramstedt war die Maria-Magdalenen-Kirche Ausgangspunkt für die Reise vieler Jakobspilger. So ist der Heilige auch am Altar mit seinem Erkennungszeichen, der Muschel, verewigt.

Heiligtümer der Germanen

Die Eiche war den Germanen heilig, weil sie die Jahrhunderte überdauerte und für Stärke, Ewigkeit und somit Göttlichkeit stand. Einer dieser Jahrhundertbäume befindet sich im Segeberger Forst. In der Slawenchronik des Helmold von Bosau wird er als Heiligtum erwähnt. Eine andere Eiche im Dodauer Forst bei Eutin hat heute eine andere Aufgabe: Sie spielt Liebesbote. Der Briefträger bringt an die Bräutigamseiche adressierte Liebesbriefe dorthin, wo sie dann von Bindungswilligen und Liebesuchenden abgeholt werden können.

Windmühle und Wohnhäuser am Deich in Beidenfleth

Idylle pur: Das Pastorat der Vicelinkirche in Bosau

Winnetou und Augustinerchorherren

1134 trafen sich auf dem Segeberger Kalkberg, der strategisch bedeutsam im Grenzland zwischen Sachsen und Slawen liegt, Kaiser Lothar III. und der Missionar Vicelin, der bei Lothar Unterstützung für seine Missionstätigkeit suchte – und fand. Lothar errichtete den Stützpunkt Siegesburg und gründete ein Augustiner-Chorherrenstift, von dem heute noch die Marienkirche Zeugnis ablegt. Diese ab 1156 erbaute und urkundlich 1199 erstmals erwähnte Kirche war eine architektonische Sensation. Normalerweise wurden für den Kirchenbau in dieser Region Feldsteine verwendet, diese waren aber hier nicht in so großer Anzahl vorhanden, sodass man auf Lehmziegel zurückgriff. Mit den Backsteinen konnten die Architekten nun Gewölbe anstelle der üblichen Flachdecken mauern, was den Backsteinkirchen eine neue Raumwirkung verlieh. Als Bindemittel wurde der Gips aus dem Segeberger Kalkfelsen verwendet, der heute als Kulisse für die Karl-May-Festspiele dient und das Revier von Fledermäusen ist.

Die Augustinerchorherren mussten zwischenzeitlich wegen kriegerischer Auseinandersetzungen von Segeberg nach Neumünster und Högersdorf ausweichen.

Im Zuge der Reformation wurde das Kloster endgültig geschlossen.

oben: *Gemäß einer Legende ist der Ukleisee bei einem Gewitter entstanden. Von der Kirche, die dabei in den Wassermassen versank, soll heute noch ab und an Glockengeläut erklingen.*

links: Angeblich hat das Plöner Schloss den Zorn des Teufels erregt, darum schleuderte er seinen Silberhammer darauf – so entstand der Plöner See.

Echte Mönche

Wer auf dem Mönchsweg pilgert, sollte auch einen Abstecher in das Benediktinerkloster Sankt Ansgar in Nütschau machen, das erst seit dem Jahr 1951 besteht. Die Klosteranlage erstreckt sich um ein altes Herrenhaus Heinrichs von Rantzau von 1577, das nach seiner Restaurierung nun optisches und religiöses Zentrum des Klosters ist. Besucher sind in Nütschau willkommen und dürfen an den Gottesdiensten und Stundengebeten teilnehmen. Außerdem bietet das Gästehaus Sankt Ansgar Essen und Übernachtungen an.

Bornhöved

In der Gegend um Bornhöved fanden zwei wichtige Schlachten statt. 798 schlug Karl der Große hier die nordalbingischen Sachsen, deren Territorium wurde dem Reich eingegliedert. Im Streit um Schleswig-Holstein kämpften hier im Mittelalter Deutsche gegen Dänen.

Am 22. Juli 1227 – am Tag der heiligen Maria Magdalena – standen sich der Schauenburger Graf Adolf IV. und die Dänen mit ihrem König Waldemar II. gegenüber. Am Morgen vor der Schlacht soll Maria Magdalena Adolf erschienen sein, worauf er sie um Hilfe bat und das Gelübde ablegte, ihr ein Kloster zu weihen und selber Mönch zu werden. Und siehe da, während der Schlacht wurden die Gegner so von der Sonne geblendet, dass sie orientierungslos waren und den Rückzug antraten. Dass aber die dänischen Verbündeten, die Dithmarscher, derweil die Fronten gewechselt hatten, wird bisweilen unterschlagen.

Von der erfolgreichen Christianisierung seit Karl dem Großen spricht auch die Kirchengründung Sankt Jakobi, die Vicelin um 1150 weihte. Reste der romanischen Rundturmkirche sind nur noch in der Nordwand der heutigen Kirche enthalten.

Bosau

Bosau, das auf das Jahr 780 zurückgeht, erzählt wie keine andere Gemeinde von der Geschichte der Christianisierung Schleswig-Holsteins. Die Slawen erbauten kleine Dörfer

Die Bräutigamseiche bei Eutin ist weltweit der einzige Baum mit eigener Postadresse.

mit rund angelegtem Kern, der heute noch vielerorts zu erkennen ist. Die Slawen wurden 967 bei Oldenburg besiegt, und Bosau fiel als Stiftung 968 dem Bischof Marco von Oldenburg zu. Dieser ließ das dem Gott Boz geweihte Heiligtum der Slawen abreißen und an seiner Stelle einen Taufstein aufstellen. Dort befindet sich heute die Kirche. Mit wechselndem Kriegsglück wurde Bosau einmal slawisch, dann wieder deutsch. Erst 1147 wurden die Slawen vernichtend geschlagen.

Die kleine Gemeinde am Plöner See mit der 1152 von Vicelin geweihten Kirche Sankt Petri sollte eine seiner wichtigsten Kirchengründungen werden, denn von hier aus wollte er die weitere Missionierung der Slawen in

Richtung Ostseeküste weiter vorantreiben. Den Bau der Kirche, die wegen des weißen Kalkputzes aus Segeberg weithin erstrahlt, konnte er noch organisieren, bevor ihn 1152 ein zweiter Schlaganfall lähmte.

Im Inneren der Vicelinkirche sind noch einige Reste der ehemaligen Ausstattung - immerhin aus dem 12. Jahrhundert - erhalten, etwa die Wandgestaltung und ein Rankenelement in der Apsis.

Einer der berühmtesten Chronisten seiner Zeit, durch den wir hinreichend über das damalige Geschehen informiert sind, ist Helmold von Bosau, der seine bekannte Slawenchronik schrieb, als er Pfarrer in dieser Gemeinde war (1156–1177).

Durch die Holsteinische Schweiz und über die Seenplatte

Der Legende nach schaute der Teufel vom weit entfernten Segeberg neidisch auf die herrliche Landschaft bei Plön, Eutin und Malente. Besonders das Plöner Schloss erregte seine Missgunst, und er schleuderte seinen Silberhammer gegen Plön. Der Hammer löste sich vom Stiel, schlug tief in den

Das im Stil der Backsteingotik erbaute Kloster Cismar war im Mittelalter aufgrund einer Blut-Christi-Reliquie und der Johannesquelle ein bedeutender Wallfahrtsort. Damals wurde das Kloster von Benediktinern geführt.

Boden ein, und das Loch füllte sich mit Wasser. Mit dieser Szene wollten die Menschen vielleicht sowohl die hügelige Landschaft als auch das besondere Licht und das Glitzern des Wassers der rund 16 Seen erklären.

Die Seenplatte zog nicht nur in der frühen Besiedlungszeit durch die Slawen die Menschen an. Noch heute ist die Gegend eine touristische Hochburg des Landes.

Eine andere Sage erzählt von der Entstehung des Ukleisees bei Eutin. Ein Ritter versprach einst einem jungen und schönen, aber armen Mädchen die Ehe. Er hielt das Versprechen nicht, das Mädchen starb vor Gram. Als der Ritter eine andere heiratete, suchte ihn das Mädchen heim, sodass dieser, zu Tode erschrocken, umfiel. Ein riesiges Gewitter versenkte die Kirche, in der die Hochzeit stattfinden sollte, und der See entstand, aus dessen Tiefen man an stillen Sommerabenden immer noch das Glockengeläut hören soll.

Zwischen Malente und Eutin liegt Kirchnüchel. Einen Abstecher wert ist die kleine Dorfkirche, in der sich eine kleine, mit Flussperlen geschmückte Marienstatue befindet, die im Mittelalter Ziel vieler regionaler Wallfahrer war.

Das Naturschutzgebiet Graswarder bei Heiligenhafen

Die Fehmarnsundbrücke verbindet Fehmarn mit dem Festland.

Seeräuber und der Mönche Unzucht

Altenkrempe war eine der östlichen Missionsstationen im ausgehenden 12. Jahrhundert. Die spätromanische Basilika von 1240 zeugt von der Bedeutung, die diesem Fischerdorf, in dem nächtens mehr slawische Seeräuber unterwegs waren als Einheimische, beigemessen wurde. Von hier aus sollten sich die Missionare weiter nach Norden auf den Weg machen. 1244 wurde Altenkrempe zugunsten der neuen Stadt, Neustadt, aufgegeben, weil sie einen besseren Seezugang hatte. Auch hier entstanden sehenswerte Kirchen, so die 1244 auf Geheiß Graf Adolfs II. erbaute Stadtkirche.

Etwas weiter nördlich liegt Grömitz, das seit 1322 zum Kloster Cismar gehört und dem Kloster reiche Erträge aus Landwirtschaft und Fischfang sicherte. Das Kloster selbst entstand aufgrund einer Strafversetzung im Jahr 1245. Einige Mönche des Lübecker Benediktinerklosters liebten nicht nur Gottes Nähe, sondern auch die der Nonnen aus dem benachbarten Zisterzienserinnenkloster. „Unmoral und Unzucht", donnerte ihr Bischof – „Erneuerung der Ordensregel", antworteten sie. Doch gegen den Bischof, den Landesherrn Adolf IV., die erbosten Zisterzienser und den Papst konnten sie nichts ausrichten. In Cismar entstand ein neues Kloster, weit weg von jeglicher Versuchung; die Ordensregel *ora et labora* wurde wieder praktiziert.

So schlecht hatten es die Mönche allerdings nicht getroffen. Die heilige Johannesquelle in den Katakomben des Klosters und eine Blut-Christi-Reliquie machten Cismar zum beliebten mittelalterlichen Wallfahrtsort und das Kloster auf diese Weise wohlhabend. Nach einer wechselvollen Geschichte, der Ausbeutung des Klosterschatzes und dem Verfall der Gebäude erstrahlt es heute wieder in altem

Wer auf Fehmarn als Pilger mit dem Fahrrad unterwegs ist, muss mitunter gegen eine steife Brise ankämpfen.

Glanz und ist alljährlich im August drei Tage lang mit seinem Klosterfest Anziehungspunkt für zahlreiche Gläubige.

Oldenburg – die slawische Vergangenheit

Starigrad (Alte Burg, Aldinborg, Oldenburg), die Hauptstadt der Wagrier/Slawen, lag im Mittelalter an der Ostsee (bis der Zugang versandete) und war mit Haithabu größter Hafen im Ostseehandel bis nach Samland (Landschaft in Preußen) und Kiew. Gerade diese Orte mit strategischer, wirtschaftlicher und religiöser Macht eines heidnischen Stammes wollte man im Zuge der Christianisierung unterwerfen. 967 besiegte Markgraf Hermann Billung die Slawen von Oldenburg, die slawischen Heiligtümer sowie die Burg wurden zerstört, und das Bistum Oldenburg wurde gegründet. Doch die Sachsen konnten sich nicht halten. Im Laufe der nächsten 200 Jahre wechselten die politischen Machthaber, bis 1147 die deutsche Vormacht endgültig festgeschrieben wurde. Mit Wiederherstellung des Bistums Oldenburg errichtete Bischof Gerold die Kirche Sankt Johannis als Bischofskirche. Diese Kirche, in den Jahren 1156 bis 1160 erbaut, ist die älteste Backsteinkirche Nordeuropas. Der Bischof konnte sich jedoch nicht lange an ihr erfreuen, denn noch im Jahr der Weihe wurde der Bischofssitz ins sicherere Lübeck verlegt.

Die Fahrt ins Unbekannte

Heiligenhafen, Burg und Puttgarden auf Fehmarn sind die letzten Stationen des Mönchswegs. Sie waren im Mittelalter auch die letzten Außenposten des Christentums auf deutschem Boden, denn von diesen Häfen aus begaben sich nun die Missionare aufs Meer hinaus, zu unbekannten Gefilden. Der heilige Ansgar reiste von Fehmarn nach Haithabu (eine Stadt an der Schlei), nach Riba (Dänemark) und bis ins schwedische Lund, wo er gepredigt, getauft und Kirchen gegründet hat. Dies ist umso bemerkenswerter, als die Landstriche hier im Norden Wagriens zu seiner Zeit selber noch Missionsgebiete waren. Die Christianisierung war auf Fehmarn erst im 12. Jahrhundert abgeschlossen. Frühestes Zeugnis der ersten Christen auf Fehmarn ist die Nikolaikirche in Burg, die heute nicht mehr existiert. 1192 ist eine Peter-und-Paul-Kapelle in Puttgarden bezeugt, die fünf Jahrhunderte später ebenfalls an Peter und Paul zerstört wird.

Die Backsteinkirche am Zentralfriedhof in Burg auf Fehmarn

An der Landungsbrücke in Puttgarden hat der Pilger auf dem Mönchsweg sein Ziel erreicht und sieht weit hinaus aufs Meer, wie die ersten Missionare, die von hier aus mutig zu neuen Ufern aufbrachen. Nur zu!

Die Bonifatius-Route

rechts: Der Mainzer Dom ist Ausgangspunkt der Bonifatius-Route.

Seit dem 1250. Todestag des heiligen Bonifatius, dem „Apostel der Deutschen“, im Jahr 2004 existiert ein eigener Pilgerweg zwischen Mainz und Fulda – Mainz war eine der Wirkungsstätten des Missionars und Fulda sein Begräbnisort. Die Bonifatius-Route versucht, den historischen Weg der Leichnamsprozession von 754 nachzuvollziehen, obwohl kaum Aufzeichnungen über den tatsächlichen Weg des Trauerzuges existieren. Doch es ist anzunehmen, dass die Trauergäste Wege und Pfade genommen haben, die Händlern und Reisenden allgemein bekannt waren und teilweise noch auf römischem Straßennetz gründeten. So dürfte die Route dem tatsächlichen Weg aus dem Mittelalter recht nahe kommen.

Leben und Wirken des Bonifatius

Wynfreth wurde um 674 im angelsächsischen Wessex geboren und erhielt in verschiedenen Klöstern der Region eine umfassende Ausbildung. Wynfreths Ziel war jedoch nicht so sehr eine heimische Kirchenkarriere, sondern die Verkündung des christlichen Glaubens und die Missionierung der Heiden. Seine erste Missionsreise 716 nach Friesland (das sich damals von Belgien bis zur Weser erstreckte) scheiterte nicht nur am Widerstand des dort herrschenden Herzogs Radbod gegen die Franken (Kriegsgebiet), sondern auch an mangelnder Organisation und Legitimation. Er kehrte nach England zurück, wo er die Leitung seines Heimatklosters ablehnte und sich 719 auf den Weg nach Rom machte. Dort ernannte ihn Papst Gregor II. zum Heidenapostel für Thüringen und Hessen, stattete ihn mit Empfehlungsschreiben und Reliquien aus und gab ihm den Namen Bonifatius.

Sein Leben lang war Bonifatius als Missionar und als Organisator für die christliche Kirche tätig. 732 wurde er zum Erzbischof ernannt (ohne eigenen Metropolitansitz), seit 738 war er päpstlicher Legat des apostolischen Stuhles für Germanien. Er hatte somit das Recht, Bistümer einzurichten. So gehen neben vielen Klostergründungen (Amöneburg, Fritzlar, Ohrdruf, Erfurt, Tauberbischofsheim, Kitzingen, Ochsenfurt, Fulda) auch die Bistümer Freising, Passau, Salzburg, Erfurt, Würzburg, Büraburg, Eichstätt und Regensburg auf ihn zurück. Doch noch immer war Bonifatius Erzbischof für Germanien ohne Bischofssitz. Erst 747 wurde er von Papst Zacharias zum Erzbischof von Mainz ernannt. Als sein Hauptverdienst gilt jedoch die Umgestaltung der Verfassung der fränkischen Landeskirche nach kanonischem

Recht *(Concilium Germanicum* von 743), womit er die Machtposition des fränkischen Königshauses gegenüber dem Adel stärkte, für eine gut organisierte Verwaltung sorgte und das Königshaus enger an Rom band. Dies waren entscheidende Faktoren für die Politik des Hoch- und Spätmittelalters.

Im hohen Alter von 80 Jahren machte sich Bonifatius noch einmal zu den Ursprüngen seiner Missionstätigkeit auf. 754 reiste er nach Friesland, um auch dort das Evangelium zu predigen und die Friesen zum christlichen Glauben zu bekehren. Am 5. Juni wurde er bei Dokkum (heutige Niederlande) mit vielen seiner Gefährten von Räubern überfallen und erstochen. Sein Leichnam wurde zunächst nach Mainz, dann - wie er es gewünscht hatte - nach Fulda, in sein Lieblingskloster, überführt.

Die Streckenführung

Die Bonifatius-Route von Mainz nach Fulda führt durch fränkisches Kernland. An vielen Orten finden sich noch frühe Besiedlungsspuren. Dem Wanderer begegnen neben der Schönheit der Landschaft Gräberfelder, mittelalterliche Kapellen und kleine Kirchen, Museen, Höfe, Stadthäuser usw., die von der kulturellen Vielfalt der Region erzählen und sehenswert sind.

Ausgangspunkt des Pilgerweges ist der alte Leichhof (Friedhof) in Mainz. Mainz war die größte Kirchenprovinz im Mittelalter. Der Erzbischof von Mainz war zugleich Kurfürst und Erzkanzler und damit nach dem König der mächtigste Mann im deutschen Reich.

Im Dom erinnert seit 1823 eine Grabplatte an das Wirken des heiligen Bonifatius in dieser Stadt.

Etappen

Von	nach	km	km gesamt
Mainz-Leichhof	Mainz-Kostheim	5	5
Mainz-Kostheim	Hochheim	4	9
Hochheim	Wicker	7	16
Wicker	Bad Weilbach	2	18
Bad Weilbach	Weilbach	1	19
Weilbach	Kriftel	7	26
Kriftel	Zeilsheim	3	29
Zeilsheim	Ober-Liederbach	3	32
Ober-Liederbach	Sulzbach	3	35
Sulzbach	Eschborn	4	39
Eschborn	Niederursel	5	44
Niederursel	Bonames	4	48
Bonames	Harheim	2	50
Harheim	Nieder-Erlenbach	4	54
Nieder-Erlenbach	Bad Vilbel	2	56
Bad Vilbel	Klein-Karben	5	61
Klein-Karben	Büdesheim	5	66
Büdesheim	Heldenbergen	5	71
Heldenbergen	Windecken	2	73
Windecken	Eichen	6	79
Eichen	Kloster Engelthal	4	83
Kloster Engelthal	Altenstadt	2	85
Altenstadt	Oberau	2	87
Oberau	Rommelhausen	3	90
Rommelhausen	Himbach	2	92
Himbach	Düdelsheim	5	97
Düdelsheim	Glauberg	3	100
Glauberg	Kloster Konradsdorf	8	108
Kloster Konradsdorf	Eckartsborn	5	113
Eckartsborn	Lißberg	2	115
Lißberg	Hirzenhain	4	119
Hirzenhain	Glashütten	4	123
Glashütten	Streithain	1	124
Streithain	Marcellinus-Kapelle	3	127
Marcellinus-Kapelle	Burkhards	2	129

Von	nach	km	km gesamt
Burkhards	Sichenhausen	4	133
Sichenhausen	Hochwaldhausen	8	141
Hochwaldhausen	Nösbert-Weidmoos	4	145
Nösbert-Weidmoos	Steinfurt	3	148
Steinfurt	Blankenau	5	153
Blankenau	Hainzell	2	155
Hainzell	Kleinheiligkreuz	3	158
Kleinheiligkreuz	Malkes	6	164
Malkes	Rodges	2	166
Rodges	Haimbach	1	167
Haimbach	Fulda	5	171

Eine der Legenden, die sich um Bonifatius ranken, handelt von der Fällung der sogenannten Donar-Eiche bei Geismar, die von den Germanen dem Gott Donar (Thor) geweiht war. Bonifatius soll sie eigenhändig geschlagen haben, um die Machtlosigkeit der altgermanischen Götter zu demonstrieren. Aus ihrem Holz ließ er eine Kapelle errichten, auf die das Kloster Fritzlar zurückgehen soll.

Der weitere Weg führt über den Rhein. Der historische Trauerzug wurde per Schiff über den Fluss bis nach Hochheim befördert, wie es ein Chronist beschreibt.

In Kriftel trifft der Pilger auf eine auch heute noch lebendige Bonifatiusverehrung. Die Krifteler Bonifatiuskapelle zeigt im Altarraum Mosaiken mit Szenen aus dem Leben des Märtyrers: der junge Bonifatius in Friesland, die Fällung der Donar-Eiche in Geismar, seinen Tod und seine Überführung nach Fulda. Auf dem Lindenplatz steht ein Bonifatiuskreuz, das schon 1555 erwähnt wird. In Kalbach findet der Wanderer mit dem Bonifatiusbrunnen eine der Spuren, die zur Legendenbildung um den Heiligen beitrugen: An der Stelle dieses Brunnens habe in der Nacht der Sarg mit Bonifatius' Leichnam geruht. Zum Zeichen seiner Heiligkeit sei daraufhin eine Quelle hervorgesprudelt.

Im Fuldaer Dom befindet sich die Bonifatiusgruft.

Weiter geht es zur Marcellinuskapelle, deren Bezeichnung auf eine Namensumdeutung oder einen Schreibfehler zurückgeht. Angeblich hat der Leichenzug hier in der Nacht vom 13. auf den 14. Juli 754 gerastet. Damals hieß die Kapelle noch Mirtzeler Kirche (Märtyrerkirche) in Erinnerung an den verehrten Heiligen. In der Überlieferung wurde ab dem späten 16. Jahrhundert daraus die Marcellinuskapelle nach dem heiligen Marcellinus. So stehen Ortsbezeichnung und historisches Geschehen ohne rechten Zusammenhang nebeneinander.

Im Wald bei Sichenhausen finden sich der Legende nach zwei weitere Orte, die mit Bonifatius in Verbindung stehen. Auf dem höchsten Punkt der Route, dem Vogelsberg, befindet sich ein Brunnen, an dem Bonifatius die Taufe abgehalten haben soll. Etwas weiter auf dem Weg gibt es eine Basaltformation an der Herchenhainer Höhe, die Bonifatiuskanzel genannt wird, weil der Heilige hier gepredigt haben soll. Kurz vor Fulda, bei Kleinheiligkreuz soll der Trauerzug die letzte Mittagsrast eingelegt haben. An dieser Stelle hat der Benediktinerpater Hermann von Hammelburg im Jahr 1348 eine Einsiedelei gegründet, die bis zur Säkularisation 1303 bewohnt war. In der Kirche des Ortes belegen ein Bonifatiusgemälde und eine Holzfigur die Verehrung des Heiligen.

Info

Name: Wallfahrt zum heiligen Bonifatius
Hochtag: 5. Juni; ganzjährig
Ort: Dom Sankt Salvator und Bonifatius, Fulda
Bischöfliches Generalvikariat, Paulustor 5
D-36037 Fulda, Tel. 0661/87-0
Fax 0661/87-578, presse@bistum-fulda.de

Eine detaillierte Streckenbeschreibung sowie eine Karte gibt der Verein Bonifatius-Route e. V. heraus; www.bonifatius-route.de

Fulda

Die Domstadt ist nicht nur Endpunkt der Bonifatius-Route, sondern ganzjährig Ziel unzähliger Pilger, die eine „Wallfahrt zum heiligen Bonifatius“ unternehmen. Sein Festtag ist der 5. Juni, doch sein Grab ist während des ganzen Jahres zu besichtigen. (Der Besuch des Domes ist kostenpflichtig und während der Gottesdienste und Orgelmatineen nicht möglich.)

Das Tal, in dem die Stadt liegt, entdeckte Bonifatius auf einer Missionsreise. 744 beauftragte er einen seiner Weggefährten, Sturmius, hier ein Kloster zu gründen. Sturmius wurde der erste Abt. In einem Brief an Papst Zacharias aus dem Jahr 751 bittet Bonifatius darum, hier einige Zeit ausruhen zu dürfen, und äußert außerdem den Wunsch, nach seinem Tod hier bestattet zu werden. Der Steinsarg mit den Gebeinen des Heiligen befindet sich in einem Altartisch der Krypta des heutigen Doms. Die Reliefs der dort angebrachten Alabasterplatte erzählen von seiner Ermordung im friesischen Dokkum und von seiner Auferstehung am Tag des Jüngsten Gerichts. Im Dommuseum befinden sich die Kopfreliquie, seine Bibel und Fragmente seiner Gewänder. Schon bald nach der Überführung der Gebeine des heiligen Bonifatius nach Fulda war das Kloster nicht nur wegen seiner Anziehungskraft auf Pilger weithin bekannt: Es wurde zu einem mittelalterlichen Zentrum der Gelehrsamkeit. Persönlichkeiten wie Einhard, der Biograf Karls des Großen, Otfried von Weißenburg und Hrabanus Maurus sind mit dem Fuldaer Kloster eng verbunden.

Am 6. Juni 2004 feierten 25 000 Gläubige das Pontifikalamt anlässlich Bonifatius' 1250. Todestag im Fuldaer Dom.

Essen

Info

Name: Wallfahrt zur Goldenen Madonna
Ort: Münster/Dom von Essen, Essen
Pilgerzeiten: ganzjährig

Domkapitel Essen, Am Sankt Quintin 3, D-45127 Essen
Tel. 0201/2204-490, domkapitel@bistum-essen.de
www.bistum-essen.de oder www.essener-dom.de

Die Stadt Essen entwickelte sich ähnlich wie viele andere mittelalterliche Städte um ein Stift herum. Im Falle Essens war es ein Damenstift, das der Bischof von Hildesheim, Altfrid, um das Jahr 850 auf seinem Privatbesitz für seine Schwester Gerswit, die auch die erste Äbtissin wurde, und andere adelige Damen gründete.

Die Stiftskirche, der heutige Dom, wurde 870 Maria und den beiden Heiligen Damian und Kosmas geweiht. Jeder, der sich auf dem Land in Stiftsnähe ansiedelte, stand rechtlich unter der Herrschaft des Klosters. Diese wurde noch 1372 von Kaiser Karl IV. bestätigt. Gleichzeitig bescheinigte er 1377 den Stadträten und Bürgern von Essen ihre Unabhängigkeit vom Kloster. Für Konflikte im Lauf der Jahrhunderte bis 1803 war also reichlich gesorgt.

Die Goldene Madonna

Die Goldene Madonna gehört seit Ende des 10. Jahrhunderts zum Schatz des Stiftes. Sie ist die älteste bekannte Marienskulptur und die älteste Vollplastik nördlich der Alpen. Aus ottonischer Zeit sind keine Großkunstwerke erhalten geblieben – außer dem Gerokreuz im Kölner Dom und dieser Madonna in Essen. Sie gehört zu den wenigen erhaltenen goldbeschlagenen Gnadenfiguren, wie sie im frühen Mittelalter häufiger vorkamen. Wer sie dem Essener Damenstift geschenkt hat, ist leider nicht überliefert. Beim Besuch Ottos III. (993) muss sie aber schon vorhanden gewesen sein, denn er stiftete ihr seine Königskrone aus Kindertagen. Erst im 19. Jahrhundert wurde die Figur offiziell als Goldene Madonna bezeichnet. Im „Liber ordinarius“,

Die Goldene Madonna wird aus konservatorischen Gründen nur noch selten aus ihrer Vitrine genommen.

einer liturgischen Anweisung für das Stift von 1370, wird sie allgemein als „dat gulden bild onser vrouwen“ oder „imago aurea beatae Mariae Virgine“ tituliert, und ein Inventar von 1626 bezeichnet sie unter der Nummer 32 lapidar als „ein gross Marienbelt, sitzend uff einem sthuell mit lauteren golt uberzogen“.

Damenstift

Eine Schenkung oder Stiftung für eine Lebensgemeinschaft vorwiegend adeliger Damen, die zwar in Keuschheit und Gehorsam zusammenleben, aber nicht die Gelübde einer Nonne ablegen müssen. Sie werden daher Kanonissen, heute Stiftsdamen, genannt. Eine Kanonisse erhält bei Eintritt in das Stift, wenn es, wie das berühmte Essener Damenstift, weltlich ist – im Gegensatz zum geistlichen Stift ähnlich dem Kloster – Einkünfte aus diesem, die sogenannten Pfründe. Privateigentum und auch privater Wohnsitz sind erlaubt.

Kanonissen dürfen heiraten, müssen dann aber ihre Pfründe wieder abtreten. Geschaffen wurden die Stifte im Mittelalter hauptsächlich zur Versorgung adeliger, unverheirateter Damen. Viele Damenstifte wurden mit der Säkularisation aufgelöst.

Symbolgehalt der Marienfigur

Maria sitzt, in ein schlichtes Gewand gekleidet, auf einem Schemel und hält das überproportional große Jesuskind auf ihrem Schoß mit dem linken Arm umfangen. Dieses Größenverhältnis symbolisiert die Bedeutung Jesu, Maria ist nur die dienende Magd; gleichzeitig wirkt ihre sitzende Haltung wie ein Thron für den Erlöser, daher wohl auch die üppige Vergoldung. Demnach ist das Kind, sitzend auf seinem Thron, dem Schoß der Mutter, gekleidet wie ein Priester mit einem Buch in der Hand, das auf den Weltenherrscher und Verkünder der göttlichen Weisheit verweist. In der rechten Hand hält Maria eine kleine, reich verzierte Kugel. Diese symbolisiert den Weltkreis *(mundus)*, den sie stellvertretend für ihren Sohn bewahrt und mit drei Fingern dem Betrachter entgegenstreckt.

In der Darstellung dieser Marienfigur wird gerne eine Parallele zum Zeitgeschehen im 10. Jahrhundert gesehen. Nach dem Tod ihres Mannes Otto II. (983) kämpfte Kaiserin Theophanu für den Erhalt der Kaiserwürde für ihren dreijährigen Sohn Otto III. gegen Heinrich den Zänker. Schließlich übernahm sie die Regentschaft für ihren minderjährigen Sohn. Die damalige Äbtissin des Essener Stiftes Mathilde II. war eine Nichte Ottos II. und daher dem Königshaus sehr verbunden. Für manche liegt die Vermutung nahe, dass die Goldene Madonna eine Stiftung Theophanus sein könnte, da die Madonna auch byzantinischen Einfluss verrät.

Liturgische Bedeutung

Das wichtigste Fest, an dem das Gnadenbild dem Volk präsentiert wurde, war Maria Lichtmess. Hierzu wurde die Figur am Vorabend in die Kirche Sankt Gertrudis gebracht und von dort am nächsten Tag in feierlicher Prozession zurück in die Stiftskirche geführt. Auf einem Stein am Weg, auf dem sonst die

Abgaben für das Kloster niedergelegt wurden, hielt man an und bekrönte die Madonna festlich mit der von Otto III. gestifteten Krone. Diese Prozessionen fanden bis 1561 statt. Danach wurde Essen protestantisch. Unter Franz Kardinal Hengsbach fanden diese Marienkrönungen erneut von 1978 bis 2000 statt. Aus konservatorischen Überlegungen heraus wurden sie allerdings wieder eingestellt.

Die Gläubigen können die Goldene Madonna seit 1959 in der nördlichen Seitenkapelle des Münsters betrachten, wo sie sich in einer gesicherten Vitrine befindet.

Der Essener Dom bei Nacht

Der in Xanten verehrte Viktor und seine Gefährten waren Soldaten in der Thebäischen Legion und stammten wahrscheinlich aus Ägypten. Jedenfalls hat die Legion ihren Namen von der ägyptischen Stadt Theben, in der die Soldaten vermutlich rekrutiert wurden. Die Legion wurde von Kaiser Maximianus (285–305) – er war zusammen mit Diokletian Regent des Römischen Reichs – nach Europa gerufen, um seine eigenen Truppen zu verstärken. Die ägyptischen Soldaten waren zum großen Teil Christen. Das Christentum war aber im Römischen Reich zu dieser Zeit noch verboten, und unter Diokletian fanden besonders brutale Christenverfolgungen statt. Auch die Mitglieder der Thebäischen Legion hatten darunter zu leiden – teils weil sie sich als Christen zu erkennen gaben, teils weil sie sich weigerten, an heidnischen Riten und Opferungen der Römer teilzunehmen oder andere Christen zu töten. Viele Soldaten dieser Legion wurden in Köln getötet (der heilige Gereon und seine Gefährten), andere in Agaunum (der heilige Mauritius in Sankt Moritz) und später in Xanten, wo Viktor und rund 300 weitere Soldaten ums Leben kamen.

Die Gründung Xantens

Zu der Zeit, als Viktor und seine Gefährten starben, gab es die Stadt Xanten noch gar nicht, wohl aber ein römisches Heerlager *(Castra vetera)*, das heute zu besichtigen ist. Die Mutter von Konstantin dem Großen, die heilige Helena, soll über dem Grab von Kohortenführer Viktor und seinen Gefährten eine erste Gedächtniskapelle errichtet haben.

Dass die Gebeine Viktors in einer Gedächtniskapelle bei Bertuna (Ortsteil Birten in

Der Xantener Dom Sankt Viktor

Info

Name: Wallfahrt zum heiligen Viktor und seinen Gefährten
Ort: Dom Sankt Viktor, Xanten
Hochtage: 10. Oktober (Fest des heiligen Viktor); ganzjährig

Katholische Propsteigemeinde Sankt Viktor
Kapitel 8, D-46509 Xanten, Tel. 02801/7131-0
Fax 02801/7131-14, dom@xanten-web.de
www.xanten.de, www.xantener-dombauverein.de

Xanten) begraben seien, wird zum ersten Mal im „Liber in gloria martyrum“ von Gregor von Tours (538–594) erwähnt. Ab 752 ist eine erste Kirche über der alten Kapelle belegt, um die dann ein Stift zu Ehren Viktors angelegt wurde. Da die Chorherren glaubten, sich über dem Grab Viktors zu befinden, erhielt das Stift den Namen *ad sanctos* (zu den Heiligen), woraus im Laufe der Jahrhunderte dann *sanctum* bis zu *xanctum* und *xantum* wurde. Dieser Stadtname ist seit 1144 belegt. An den südlichen Mauern des Stifts siedelten sich zunächst Händler und Kaufleute an, danach auch Handwerker. So entstand die Stadt um das Stift herum.

Der Dom

1228 erhielt Xanten die Stadtrechte, und nur wenige Jahre später (1263) legten Erzbischof Konrad von Hochstaden und sein Bruder Friedrich, Propst des Archidiakonats Xanten, den Grundstein zum Bau des gotischen Sankt-Viktor-Doms. Es dauerte 281 Jahre bis zu seiner Fertigstellung (Weihe 1544). Der Dom gilt als die größte gotische Kirche zwischen Köln und dem Meer, und 1937 erhob Papst Pius XI. das Bauwerk zur *Basilica minor*.

Der Hochaltar

In einem edelsteinbesetzten Eichenholzschrein, mit vergoldetem Silber beschlagen, liegen die Gebeine des heiligen Viktor am Hochaltar. Seit 1128 werden die sterblichen Über-

Innenraum mit Taufbecken

reste des Heiligen dort aufbewahrt, wobei niemand weiß, ob es wirklich Viktors Gebeine sind, da es keine Quellen über die genaue Auffindung gibt. Rechts und links des Schreins stehen die Büsten von Viktor und Helena. In den Flügeln des Hochaltars sind auf Gemälden des Kölners Barthel Bruyn d. Ä. (1534) Szenen aus den Legenden um Viktor und Helena dargestellt.

Gedenken an neuzeitliche Märtyrer

In der 1966 erweiterten Krypta des Doms wurden Gedenkstätten für die Opfer des Nationalsozialismus eingerichtet. Hier befinden sich die Gräber von Gerhard Storm, Heinz Bello und Karl Leisner (Seligsprechung 1996 durch Papst Johannes Paul II.) sowie Wilhelm Frede, Nikolaus Groß und Johannes Maria Verweyen. Jüngstes Erinnerungsstück ist eine Reliquie des Erzbischofs Clemens August Graf von Galen, die am 28. Januar 2006 in die Krypta aufgenommen wurde. Galen hatte in Xanten und Münster gegen den Nationalsozialismus gepredigt und wurde am 9. Oktober 2005 von Papst Benedikt XVI. seliggesprochen.

Die mit Sichtbeton gestaltete Krypta unter dem Dom

Info

Name: Wallfahrt zu Unserer Lieben Frau von Luxemburg (*Consolatrix afflictorum*/ Trösterin der Betrübten)
Ort: Basilika und Gnadenkapelle Sankt Marien, Kevelaer
Pilgerzeiten: 1. Mai (Öffnung des Pilgerportals an der Basilika) bis 1. November (Schließung)

Wallfahrtsleitung Sankt Marien, Kapellenplatz 35
D-47623 Kevelaer, Tel. 02832/93380
Fax 02832/70726, info@wallfahrt-kevelaer.de
www.wallfahrt-kevelaer.de

„An dieser Stelle sollst du mir ein Kapellchen bauen." Diese Aufforderung hörte der Händler Hendrik Busmann, als er bei Kevelaer – damals einer Bauernschaft von ca. zehn Häusern und 200 Bewohnern – zur Weihnachtszeit 1641 auf seinem täglichen Weg zwischen Weeze und Geldern an einem Hagelkreuz zum Beten innehielt. Busmann glaubte zunächst an eine Täuschung, aber die Stimme sprach noch zweimal so eindringlich zu ihm, dass er – überzeugt von der Ernsthaftigkeit dieser göttlichen Weisung – täglich etwas Bares beiseite legte, um dieser Bitte nachzukommen. Vor Pfingsten im folgenden Jahr hatte dann seine Frau Mechel Schrouse eine Erscheinung: Sie sah in einem großen glänzenden Licht ein Heiligenhäuschen mit einem Bildstock der Gottesmutter Maria. Da ihr einige Tage zuvor zwei Soldaten ein Heiligenbildchen mit der Abbildung der Luxemburger Maria *Consolatrix afflictorum* zum Kauf angeboten hatten, hatte nun ihre Gottesmutter im Traum genau das Aussehen der luxemburgischen Maria, der Trösterin der Betrübten. Das Bild zeigte die gekrönte Gottesmutter in weitem Kleid und Mantel. Im linken Arm hält sie das Jesuskind und in der rechten Hand ein Zepter. Im Hintergrund ist die Stadt Luxemburg dargestellt. Sie hatte den Kauf des Bildchens jedoch abgelehnt. Als sie ihrem Mann diesen Traum erzählte, sah er sich in seinem eigenen Bestreben, eine Kapelle zu errichten, bestärkt, und er kaufte das Bild.

Um dem kleinen Kupferstich im Format von nur 7,5 x 11 cm einen würdigen Rahmen zu geben, errichtete er an der Stelle, die ihm die Stimme angewiesen hatte, ein zwei Meter hohes und 70 cm breites Ziegelhäuschen, in das sein Gnadenbild von Johannes Schink, dem Pfarrer der Antoniuskirche in Kevelaer, am 1. Juni 1642 eingesetzt wurde. Diese Einsetzung zog bereits Gläubige aus der näheren und weiteren Umgebung an.

Heilungen am Gnadenbild

Schon im ersten Jahr der Einrichtung der kleinen Betkapelle kursierten Berichte von Wundern, die sich hier zugetragen haben sollen. 1642 wurde der gelähmte Peter van Volbroek aus Hassum geheilt. 1643 schlossen sich Eerutgen Dircks offene Wunden, nachdem sie zweimal nach Kevelaer gepilgert war. Bis 1647 wurden sechs weitere Wunder verzeichnet. Als in diesem Jahr eine Synode in Venlo stattfand, die über Kevelaers offizielle Anerkennung als Wallfahrtsort befinden sollte,

wurde nicht nur diesem Begehren stattgegeben, sondern alle acht Wunder wurden als solche bestätigt.

Die letzten beglaubigten Wunder trugen sich im 19. Jahrhundert zu. 1808 wurde die gelähmte Maria Katharina van Dyck geheilt und im Jahr 1849 Agnes Schiefer. 1850 konnte Johannes Weidenbach nach einer Pilgerreise wieder sehen und Agnes Meurßen wieder sprechen.

Etablierung als Marienwallfahrtsort

Nach der offiziellen Bestätigung durch die Venloer Synode konnte Kevelaer des großen Andrangs der Pilger kaum Herr werden. Damals besuchten täglich rund 18000 Pilger

Die Gnadenkapelle in Kevelaer ist eine Nachbildung der Zentralkuppel des Marienheiligtums in Scherpenheuvel. Sie wurde 1654 um das ursprüngliche Bethäuschen zum Schutz des Bildstocks mit dem Marienbild errichtet.

den kleinen Wallfahrtsort. Eine entsprechende Wallfahrtskirche (heute die Kerzenkapelle) war schon 1645 errichtet worden, seit 1646 betreuten zwei Brüder der Oratorianer die Pilger. 1654 wurde auch die ursprüngliche kleine Kapelle mit einem Sechseck ummantelt. Die Marienkapelle in Scherpenheuvel (Belgien), einem weiteren Marienwallfahrtsort, stellte das Vorbild der neuen Kapelle in Kevelaer dar.

1842, im Jahr des 200. Jahrestages der Einsetzung des Gnadenbildes in die Kapelle, war Kevelaer das Ziel von 200 000 Pilgern, 245 Prozessionen verzeichnete die Stadt.

Zwischen 1858 und 1864 entstand die neugotische dreischiffige Backsteinbasilika Sankt Marien. Die Pläne stammten vom Kölner Dombaumeister Vincenz Statz. 1892 (zum 250. Jahrestag) wurde ein Kreuzweg rund um Kevelaer angelegt und ein Klarissenkloster gegründet. In diesem Jahr begann der Kunstmaler Friedrich Stummel mit der Ausmalung von Sankt Marien. Die Mariendarstellungen der Basilika waren 1922 vollendet.

Der Strom der Pilger, die hauptsächlich aus Deutschland, Belgien und den Niederlanden kommen, riss während der Jahrhunderte trotz vieler Kriege und der Säkularisation nie ganz ab.

Als Andenken an die Pilgerfahrt sind Kerzen, Kreuze und Rosenkränze begehrte und beliebte Souvenirs.

Eine Pilgermesse in der sogenannten Kerzenkapelle, der ersten Wallfahrtskirche von Kevelaer

Heute ist die beschauliche Stadt am Niederrhein nach Altötting Deutschlands zweitgrößter Marienwallfahrtsort. Rund 700 000–800 000 Pilger (manche behaupten auch eine Million) entscheiden sich pro Jahr für eine Pilgerreise nach Kevelaer – ob zu Fuß, per Rad oder mit der Bahn –, um bei der Trösterin der Betrübten neue Hoffnung zu schöpfen.

Info

Name: Wallfahrt zu den Heiligen
Drei Königen (Caspar, Melchior, Balthasar)
Ort: Hohe Domkirche Sankt Peter und Maria, Köln
Hochtage: Dreikönigsfest am 6. Januar; ganzjährig

Katholisches Dompfarramt, Domkloster 3
D-50667 Köln, Tel. 0221/17940-200
Fax 0221/17940-299
pfarrbuero@dompfarramt-koeln.de
Pilgerbüro, Schwalbengasse 10, D-50667 Köln
Tel. 0221/2576-246, Fax 0221/2576-189
www.koelner-dom.de, www.erzbistum-koeln.de

rechts: Der Dom am Abend in stimmungsvoller Beleuchtung. Weithin sichtbar prägt er die Stadtsilhouette, vor allem vom rechtsrheinischen Ufer aus gesehen.

Bereits unter Kaiser Konstantins Regierung besaß Köln einen Bischof, der namentlich überliefert ist: der heilige Maternus. An der Stelle des heutigen Doms standen, wie Ausgrabungen zeigen, zuerst Wohnhäuser und ein Tempel. Erst ab dem 4. bzw. 5. Jahrhundert sind im Bereich des heutigen Chors drei christliche Heiligtümer nachweisbar, die bis ins 7. Jahrhundert ausgebaut wurden. Für die Mitte des 7. Jahrhunderts ist ein Kirchenbau belegt, der dem heiligen Petrus geweiht war. Zwischen 814 und 870 entstand die direkte karolingische Vorgängerkirche, der dreischiffige sogenannte Alte Dom, der später auf fünf Schiffe erweitert wurde.

Der Dreikönigsschrein aus dem 12. Jahrhundert ist die Hauptattraktion im Kölner Dom. Das Kunstwerk aus der Werkstatt von Nikolaus von Verdun birgt nicht nur die Gebeine der Heiligen Drei Könige, sondern auch die der Heiligen Gregor von Spoleto, Felix und Nabor.

Die Heiligen Drei Könige

Die Gebeine der Heiligen Drei Könige

Im Laufe der Jahrhunderte fielen dem Dom zahlreiche wichtige Reliquien zu, u.a. der Stab und die Ketten des heiligen Petrus oder die Reliquien des heiligen Gregor von Spoleto († um 303). Höhepunkt war das Geschenk Kaiser Friedrichs I. Barbarossa, der dem Kölner Erzbischof Rainald von Dassel, seinem Reichskanzler, als Dank für seine Hilfe bei der Eroberung Mailands die Gebeine der Heiligen Drei Könige überließ. Von Dassel brachte sie 1164 von Mailand nach Köln, wo sie am 23. Juli eintrafen und in einem Schrein hinter einem Altar in der Mitte des Alten Doms unter einem Radleuchter aufbewahrt wurden.

Das Grab der Heiligen Drei Könige, der ersten Pilger zu Jesus Christus, wurde vor allem während der Kreuzzüge verehrt, die gleichzeitig als Pilgerfahrten ins Heilige Land

Der „Dreikönigsaltar" im Kölner Dom von Stefan Lochner (um 1400–1451). In der Mitte sieht man die Anbetung der Könige, links die heilige Ursula mit Gefährtinnen und rechts den heiligen Gereon mit Gefährten.

galten. Köln zog Tausende Pilger an. Oft wurden Wallfahrten nach Aachen mit einem Abstecher nach Köln verbunden. Für die (frisch) gekrönten Könige deutscher Nation war es bis 1531 eine heilige Pflicht, von Aachen nach Köln zu pilgern.

Wer waren die Könige?

In der Bibel wird von den „Sterndeutern aus dem Osten" gesprochen (Mt 2,1). „Sie gingen in das Haus und sahen das Kind (...); da fielen sie nieder und huldigten ihm. Dann holten sie ihre Schätze hervor und brachten ihm Gold, Weihrauch und Myrrhe als Gaben dar." (Mt 2,11) Weder ist von Königen noch von der Zahl Drei die Rede. Viele Kirchenschriftsteller erzählen jedoch in Legenden von ihrer Herkunft und ihrem Leben, bis ihnen der Stern erschien, der sie zum Kind Jesus führte. Frühchristliche Quellen stellen ihre Taufe durch den heiligen Thomas dar und erzählen von ihrem weiteren Leben als Bischöfe der christlichen Kirche sowie ihrem Tod um das Jahr 54.

Helena, die Mutter Konstantins des Großen, war seit ihrer Bekehrung zum Christentum sehr bemüht, alle Zeugnisse – sprich Reliquien – der frühchristlichen Geschichte zusammenzutragen. Sie überführte auch die Gebeine der Heiligen Drei Könige nach ihrer Auffindung nach Konstantinopel. Als Geschenk kamen sie zwischen 343 und 355 nach Mailand, wo der heilige Eustorgius Bischof war. Nach dessen Tod wurden die Reliquien in einem riesigen Sarkophag in der Eustorgius geweihten Kirche San Eustorgio verwahrt, bis sie 1164 nach Köln kamen. 1904 wurden Teile davon auf eine Bitte des Mailänder Bischofs hin allerdings wieder nach Mailand zurückgebracht, wo sie heute in einer Urne unter dem Altar von San Eustorgio verwahrt werden.

Da weder die Namen der Könige noch ihre genaue Herkunft überliefert sind, gibt es sehr unterschiedliche Auslegungen. Im Malerbuch vom Berg Athos werden ihre Namen mit Caspar, Melchior und Balthasar angegeben. Auf diese Namensfolge geht der Brauch zurück, das Kürzel CMB auf Haustüren anzubringen. Gleichzeitig ist CMB die Abkürzung für *Christus Mansionem Benedicat* (Christus schütze dieses Haus). Gemäß der Überlieferung bieten die Könige Schutz vor Feinden, Waffen, Kugeln und behüten das Haus vor Brand, Unwetter und Dieben.

In den „Gesta Romanorum“ werden ihre Geschenke an des Jesuskind folgendermaßen gedeutet: Das Gold ist die Weisheit, die dem König gebührt, der Weihrauch steht für das hingebungsvolle Opfer und Gebet, die Myrrhe symbolisiert die rein haltende Kraft der Selbstbeherrschung. Außerdem stehen die Könige für die drei Lebensalter und die drei damals bekannten Erdteile Europa, Asien und Afrika, weshalb seit dem 14. Jahrhundert einer der Könige als Mohr dargestellt wird.

Köln, seit Jahrhunderten Anziehungspunkt für Pilger, bietet nicht nur an Prozessions- und Kirchentagen ein farbenfrohes Straßenbild.

Der Dreikönigsschrein

Der Dreikönigsschrein, in dem die kostbaren Reliquien aufbewahrt werden, entstand zwischen 1181 und 1220 in der Werkstatt von Nikolaus von Verdun und gilt als einer der Höhepunkte in der mittelalterlichen Goldschmiedekunst in Deutschland. Mit einer Länge von 1,80 Meter und einer Höhe von 1,70 Meter ist er der größte Goldsarkophag seiner Art in Europa. Sein Platz ist im inneren Chor hinter dem Hochaltar.

Der Schrein hat die Form einer dreischiffigen Basilika. Der untere, breitere Teil birgt die Gebeine der Heiligen Drei Könige, die obere Spitze die Reliquien des heiligen Gregor von Spoleto sowie der beiden Heiligen Felix und Nabor, einst Legionäre im Heer von Maximian Herkuleus. Der Figurenschmuck des Schreins ist aus vergoldetem Silber getrieben und mit Gemmen und Kameen geschmückt.

Tintoretto: „Reise der heiligen Ursula“ (um 1555), Chiesa di San Lazzaro dei Mendicanti, Venedig. Das monumentale Bild ist über drei Meter hoch.

Sie zeigen Szenen aus der Heilsgeschichte, dem Leben Jesu und der verehrten Heiligen. Auch die Büsten von Rainald von Dassel und Friedrich I. sind hier verewigt.

Der neue Dombau

Mit dem Andrang der Pilger und dem damit verbundenen wirtschaftlichen Aufschwung fasste das Domkapitel den Entschluss, eine größere Kirche zu bauen. Der Grundstein dazu wurde 1248 mit dem Abriss der Chorseite des Alten Doms gelegt.

Die Bauarbeiten gingen zügig voran, 1322 wurde der Dreikönigsschrein in der östlichsten Kapelle des Chors aufgestellt und eine provisorische Wand schloss den Chor ab.

Der Schrein des Albertus Magnus befindet sich in der Kölner Dominikanerkirche Sankt Andreas.

Von diesem Zeitpunkt an verlangsamte sich die Bautätigkeit jedoch. Als der Südturm so weit fertiggestellt war, dass er die Glocken hätte aufnehmen können, schien das Interesse am Weiterbau gänzlich erlahmt. Aus Geldmangel und Desinteresse wurde der Bau 1560 vollends eingestellt. Das Mittelschiff war erst bis auf Kapitellhöhe der Pfeiler fertiggestellt, die Seitenschiffe und das südliche Querschiff waren noch nicht bzw. nur provisorisch eingedeckt, der Nordturm blieb in seinen Anfängen liegen, und Chor und Langhaus waren weiterhin durch eine Wand getrennt.

Zu Beginn des 19. Jahrhunderts sah es so aus, als würde der Dom eine Bauruine bleiben, zumal die Napoleonischen Kriege nicht spurlos an ihm vorübergingen. Gottesdienste fanden im Dom nicht mehr statt, und der Bischofssitz wurde nach Aachen verlegt. Doch im Zuge der antinapoleonischen Bewegung und der aufkommenden Begeisterung für das Mittelalter fanden sich immer mehr Künstler, Gelehrte und Mäzene, die für den Weiterbau des Doms plädierten. Als dann die Originalpläne der ersten Baumeister für die Westfassade wieder aufgefunden wurden, schien dies ein Wink des Schicksals. Mit der Wiedereinrichtung des Kölner Erzbistums 1821 war auch kirchenpolitisch ein gewichtiger Grund vorhanden, den Bau fortzusetzen. Sulpiz Boisserée und Joseph Görres konnten den (protestantischen) Preußenkönig Friedrich Wilhelm IV. für die Finanzierung des Baus gewinnen, und es kam zur Gründung des noch heute existierenden Zentral-Dombau-Vereins, der Spenden sammelte. 1880 war es endlich soweit: Nach über 600 Jahren Bauzeit konnte der Dom endlich geweiht werden.

Das Grab von Adolph Kolping in der Menoritenkirche Sankt Mariä Empfängnis

Der Kölner Dom ist eine Kirche der Superlative: Er ist Deutschlands größte gotische Kathedrale, nach Sevilla und Mailand sogar die drittgrößte der Welt. Sein Turm ist mit 157 Metern Höhe nach Ulm der zweithöchste Kirchturm im Lande und der dritthöchste weltweit. Seine Westfassade mit rund 7000 m^2 ist die größte weltweit. Seit 1996 gehört der Kölner Dom auch zum UNESCO-Weltkulturerbe.

Köln, eine Wallfahrerstadt

Die Stadt am Rhein nimmt wegen ihrer langen Glaubenstradition und ihrer reichen Reliquienschätze eine Sonderstellung ein. Neben dem Kölner Dom gibt es eine ganze Reihe weiterer Wallfahrtskirchen, die jeweils ihre eigenen Hochtage haben:

Sankt Heribert mit dem Grab des heiligen Heribert, Festoktav um den 30. August

Sankt Andreas mit dem Grab des heiligen Albertus Magnus, 15. November

Sankt Kunibert mit den Gräbern der Heiligen Kunibert und Ewaldus. Eine Taube soll Kunibert zu den Gebeinen der heiligen Ursula geführt haben.

Sankt Ursula mit spätgotischen Reliquienbüsten auf den Emporenbrüstungen und der Goldenen Kammer, 21. Oktober. Die Königstochter Ursula wurde bereits in jungen Jahren verlobt, erbat sich bis zur Hochzeit jedoch drei Jahre Zeit für eine Pilgerreise nach Rom. Auf dem Rückweg nach Britannien wurde sie zusammen mit ihren elf Gefährtinnen (in der Legende ist auch von 1100 oder gar 11 000 die Rede) von Hunnen in Köln ermordet.

Sankt Gereon, heiliger Gereon und Gefährten, 10. Oktober

Sankt Maria in der Kupfergasse mit der Schwarzen Madonna

Sankt Mariä Empfängnis mit dem Grab des seligen Johannes Duns Scotus (= in Schottland geboren) und dem seligen Priester und Sozialreformer Adolph Kolping

Basilica minor

In Köln gibt es sechs als *Basilica minor* päpstlich ausgezeichnete Kirchen, erkennbar am Wappen des auszeichnenden Papstes: Sankt Ursula, Sankt Kunibert, Sankt Gereon (rechts), Sankt Severin, Sankt Aposteln und Sankt Maria im Kapitol.

Sankt Severin, der heilige Severin, wahrscheinlich der dritte Bischof von Köln – geboren und gestorben in Bordeaux –, hat Zeit seines Lebens zahlreiche Wunder gewirkt. Nach Köln kamen die Gebeine des Heiligen, oder vielmehr die Hälfte der Gebeine, weil die Kölner sie den Franzosen abschwatzten oder freikauften, denn sie versprachen sich dadurch Erlösung von einer langen Dürre, die seinerzeit am Rhein herrschte. Der Schrein mit den Knochen befindet sich im Chor von Sankt Severin. Im Frühmittelalter wurde Severin sogar intensiver verehrt als die Heiligen Drei Könige. In der Kirche Sankt Severin ist ein um 1500 entstandener Bilderzyklus mit 20 Tafeln zu sehen, die das Leben des heiligen Severin beschreiben.

Sankt Gereon um 1900. Die Kirche wurde in drei Bauphasen errichtet: 1067 bis 1069, 1151 bis 1191 und 1219 bis 1227.

Aachen ist untrennbar mit Kaiser Karl dem Großen (747–814) verbunden, der die Stadt zu seiner Pfalz machte und mit der Pfalzkapelle, auch Münster Sankt Marien oder einfach Aachener Dom genannt, einen einzigartigen oktogonalen Zentralbau mit einer der größten Kuppeln nördlich der Alpen bauen ließ, der sowohl das politische als auch religiöse Gedankengut Karls und der Karolinger zusammenfasste. Die Stadt wurde zum Mittelpunkt eines der mächtigsten Reiche des europäischen Frühmittelalters, von hier ging die Missionierung der eroberten Gebiete aus, hier wurden weitreichende Verwaltungsreformen beschlossen, die die nachfolgenden Jahrhunderte prägten, und durch die Reliquien, die Karl aufbewahrte, wurde Aachen als Wallfahrtsort im Mittelalter in einem Atemzug mit Rom, Jerusalem oder Santiago de Compostela genannt.

Info

Name: Aachener Heiligtumsfahrt
Ort: Sankt Marien, Aachener Dom/Münster
Hochtage: Alle sieben Jahre (z. B. 2014) werden die Reliquien im Dom den Gläubigen gezeigt.

Domkapitel Aachen, Klosterplatz 2, D-52062 Aachen
Tel. 0241/47709-0, Fax 0241/47709-144
domfuehrung@dom.bistum-aachen.de
www.aachendom.de

Die Pfalzkapelle

Vorbilder dieser von Odo von Metz entworfenen und zwischen 787/88 und 800 entstandenen Kapelle waren für den Bauherrn Karl den Großen die Hofkirche Justinians, San Vitale in Ravenna, der Hauptstadt des weströmischen Reiches, und die Bauten in Byzanz, dem geistigen und politischen Zentrum Ostroms.

Karl der Große bemühte sich, seinen Machtanspruch zu legitimieren, indem er sich in die Tradition der großen, christlichen Herrscher des Abendlandes stellte. Verstärkt wurden diese Bemühungen durch die Verwendung von historischem Baumaterial, sogenannten Spolien (rote Porphyrsäulen) aus Rom und Ravenna, die Kaiser Hadrian Karl im Jahr

787 zum Baubeginn schenkte. Obwohl die der Muttergottes gewidmete Pfalzkapelle ein Zentralbau ist, hat sie dennoch eine Hauptachse in Ost-West-Richtung. Im Osten existierte ursprünglich eine Apsis, und im Westen steht die Empore mit dem Königsthron. Die östliche Apsis musste ab 1355 dem Bau eines gotischen Chores weichen, der 1414 geweiht wurde. 1367 begann die weitere Umgestaltung des Doms durch Anfügung zahlreicher, ebenfalls gotischer Kapellen an das Oktogon. Sie dienten den Wallfahrern als Betstätten. Neben dem Haupteingang im Westen entstand auf der südlichen Seite die Ungarnkapelle, neben dem Chor die Matthiaskapelle und auf der Südseite die Annakapelle. Auf der nördlichen Seite wurde neben dem Portal die Nikolauskapelle durch einen Neubau ersetzt, in dessen Obergeschoss eine weitere Kapelle untergebracht wurde, die Michaelskapelle. 1447 folgten schließlich neben dem Chor auf der nördlichen Seite die Karls- und die Hubertuskapelle. In der Zwischenzeit war das Westportal darüber hinaus mit einem Glockenturm versehen worden. Seit 1978 gehört der Aachener Dom, dieses einzigartige Bauwerk, zum UNESCO-Weltkulturerbe.

linke Seite: Von außen ist der oktogonale Grundriss wegen der vielen Anbauten nicht leicht zu erkennen. Gut sichtbar ist allerdings die große Kuppel.

links: Diese Buchmalerei zeigt Karl den Großen, wie er den Münsterbau überwacht. Die Kirche war für ihn von großer persönlicher und politischer Bedeutung.

Aachen

Die Reliquien

Der Aachener Dom ist von Beginn an, seit seiner Weihe, ein bekannter Pilger- und Wallfahrtsort. Die von Kaiser Karl hier verwahrten Pretiosen werden den Gläubigen an hohen Festtagen gezeigt.

799 brachte ein Mönch Reliquien vom Grabe Christi mit. Sie waren ein Geschenk des Patriarchen von Jerusalem. Es handelte sich hierbei um die Windeln bzw. Wickeltücher des neugeborenen Jesus, das Lendentuch, welches Christus am Kreuz getragen hatte, das Kleid, das Maria bei Jesu Geburt angehabt hatte, und das Tuch, in das der enthauptete Kopf von Johannes dem Täufer gelegt worden war.

Besonders zum Kirchweihfest am 17. Juli zog es die Pilger in Scharen in die Stadt, denn an diesem Tag war die Wallfahrt mit einem Ablass verbunden. Seit 1239 ist sie unter dem Namen Aachener Heiligtumsfahrt (auch Heiltumsfahrt) bekannt. Zuerst fand sie in unregelmäßigen Abständen von ein bis fünf Jahren statt. Seit dem Pestjahr 1349 sollte sie nur noch alle sieben Jahre begangen, die Heiligtümer dabei für zwei mal sieben Tage an sieben Stellen des Doms gezeigt werden,

Die Pfalzkapelle von innen. Der Thron, auf dem 30 Könige gekrönt wurden, steht auf der Empore.

galt doch die Sieben als heilige Zahl – zusammengesetzt aus der Drei (Heilige Dreifaltigkeit) und der Vier (Himmelsrichtungen).

Die Wallfahrt nach Aachen war bis hin in die Ostgebiete des riesigen Karlsreiches (Ungarn, Polen, Böhmen, Mähren, Slowenien und Kroatien) sehr beliebt.

Die große Bedeutung der Aachenwallfahrt zeigt sich nicht zuletzt darin, dass sie sich auf das Strafrecht auswirkte, wie es seit 1265 belegt ist. Für schwere Vergehen, wie etwa Totschlag, konnte eine Aachenwallfahrt als Strafe verhängt werden.

Der Marienschrein

Zur Aufbewahrung der heiligen Schätze diente seit 1239 der Marienschrein, der in dem neuen gotischen Chor neben dem Hochaltar und dem Karlsschrein seinen angemessenen Platz fand. Der Marienschrein ist ein Eichenholzkasten, den ein Gehäuse aus vergoldetem Kupfer und Silber umgibt, verziert mit Schmuckbändern aus Edelsteinen und feinen Emaillearbeiten. An den Längsseiten sind in Dreiergruppen die Apostel platziert, an den Stirnseiten Jesus Christus und der zu Zeiten Karls amtierende Papst Leo III. Hervorgehoben sind die Figuren Karls (als Gründer der Kapelle) und Marias (als Namens- und Schutzpatronin).

Die Heiligtumsfahrt bis heute

Im 14. und 15. Jahrhundert erlebte die Wallfahrt nach Aachen ihre größte Blüte, was sicherlich mit der Aachener Marienverehrung und der Heiligsprechung von Karl dem Großen zusammenhängt, aber auch mit dem Anschluss einiger Stifte und anderer bekannter Wallfahrtsorte (Kornelimünster, Burtscheid, Düren, Trier, Sankt Adalbert) an die Aachener Wallfahrt, die diese somit an den Hochtagen zu einem Großereignis mit weit über 100 000 Pilgern machten. Einbrüche erlitt die Wallfahrt in der Zeit der Reformation und des Dreißigjährigen Krieges. Zwar erlebte sie mit der Gegenreformation wieder einen gewissen Aufschwung, der durch die Aufklärung jedoch endgültig beendet wurde. In dieser Zeit fanden keine Wallfahrten statt: Kaiser Joseph II. von Österreich verbot seinen Landeskindern 1776 die Heiligtumsfahrt schlichtweg.

1794 wurden die kostbaren Reliquien nach Paderborn gebracht, um sie vor den anstürmenden französischen Truppen in Sicherheit zu bringen. Erst 1804 konnte die traditionelle Wallfahrt wieder aufgenommen werden. In die Geschichte eingegangen ist besonders die Wallfahrt von 1936, die trotz aller nationalsozialistischen Störversuche mit über einer Million Teilnehmern eine Wallfahrt des „stummen Protests" war.

Der heilige Karl

Karl der Große wurde nicht nur zu Lebzeiten als großer Herrscher verehrt, sondern nach seinem Tod und seiner Heiligsprechung im Jahr 1165 entstand ein regelrechter Karlskult. Die Heiligsprechung geschah auf Betreiben Kaiser Friedrichs II. durch den Erzbischof von Köln unter Billigung von Gegenpapst Paschalis III., aber gegen den Willen von Papst Alexander III. Sie wurde zwar nie offiziell bestätigt, aber seit 1176 gilt sie als gestattet.

1215 ließ Friedrich II. die Gebeine von Karl in den Dom in einen hölzernen Reliquienkasten umbetten. Während der Marienschrein biblische und religiöse Motive trägt, ist der Karlsschrein ein Symbol politischer Macht und eine Verherrlichung der Kaiser des Heiligen Römischen Reiches. Er zeigt je acht Könige auf den Längsseiten, beginnend bei dem Sohn Karls, Ludwig dem Frommen, und endet bei dem amtierenden Kaiser Friedrich II., der bei seinen Krönungsfeierlichkeiten 1215 den letzten Nagel in den Schrein schlug.

Karls Todestag, der 28. Januar (814), ist mit einer Festoktav verbunden. Weitere hohe Festtage sind der 29. Dezember (1165), als Friedrich I. Barbarossa die Gebeine Karls erheben und heiligsprechen ließ, und der 27. Juli (1215), an dem seine Reliquien unter Friedrich II. in den neuen Schrein übertragen wurden.

Während des gesamten Mittelalters pilgerten Gläubige der unter Karl christianisierten Ge-

links: Die Büste Karls des Großen vor dem Karlsschrein
rechts: Der Marienschrein

biete nach Aachen. Dies verlor sich aber mit der Zeit und endete gänzlich mit der Einordnung Karls in die Klasse der Seligen durch Papst Benedikt XIV. (1740–1758).

Unsere Liebe Frau von Aachen

Bereits in der Mitte des 11. Jahrhunderts konnte man in sogenannten Mirakelbüchlein Wunderberichte von einem Gnadenbild der „Lieben Frau von Aachen“ lesen. Berühmte Persönlichkeiten des Mittelalters beteten vor diesem Bild – so der heilige Gerlach von Houthem (um 1100–1172 oder 1177), der heilige Gezelinus von Schlebusch († 1149) oder auch Bernhard von Clairvaux (um 1090–1153). Der Marienkult überlagerte den Karlskult schon bald. Zahlreiche Stiftungen und Votivgaben zeugen von der großen Verbreitung der Aachener Marienverehrung: Margarete von York (1446–1503), Gattin Karls des Kühnen von Burgund, stiftete 1475 ihre Brautkrone, die Infantin Isabella, Statthalterin der spanischen Niederlande, 1627 im Zuge der Gegenreformation zwei Votivkronen und kostbare Gewänder. Hochtage der Verehrung sind die vier Marienfeste: Verkündigung (25. März), Empfängnis (8. Dezember), Geburt (8. September) und Himmelfahrt (15. August). 1931 wurde das Bistum Aachen der Gottesmutter geweiht.

Info

Name: Wallfahrt zum Heiligen Rock
Ort: Dom, Trier
Hochtag: Heilig-Rock-Tage; ganzjährig

Bischöfliches Generalvikariat, Hinter dem Dom 6
D-54203 Trier, Tel. 0651/7105-0
Fax 0651/7105-498, bistum-trier@bistum-trier.de
Pilgerbüro: Liebfrauenstraße 12, D-54290 Trier
Tel. 0651/979079-0, Fax 0651/979079-9 oder
1709-243, info@dominformation.de
www.dominformation.de

Der romanische Dom zu Trier

Trier ist eine der ältesten deutschen Städte. In römischer Zeit war Trier die größte Stadt nördlich der Alpen, Hauptort der Provinz Belgica und später Kaiserresidenz und Verwaltungssitz für Gallien. Bereits sehr früh (ca. 200 n. Chr.) gab es hier eine Christengemeinde, und kurz nach Kaiser Konstantins Toleranzedikt (311 n. Chr.) wurde der erste Trierer Bischof Agricius offiziell eingesetzt. Der Dom zu Trier geht ebenfalls zurück auf die Zeit Kaiser Konstantins. In der Heilig-Rock-Kapelle des Doms wird die wichtigste Trierer Reliquie, die *Tunica Christi*, aufbewahrt. Der Überlieferung nach handelt es sich dabei um das Untergewand, das Jesus bis kurz vor seiner Kreuzigung trug und das unter den Soldaten ausgewürfelt wurde. Der Apostel Johannes beschreibt das Gewand, „das von oben her ganz durchgewebt und ohne Naht war“ (Joh 19,23). Kirchenväter und Theologen des Mittelalters sahen in der ungewöhnlichen Machart des Kleidungsstücks die Einheit der Kirche repräsentiert.

Ein Geschenk der heiligen Helena

Die heilige Helena, die Mutter Kaiser Konstantins, hatte dieses Gewand sowie andere Reliquien dem Trierer Bischof Agricius geschenkt. Es schien, dass niemandem zu dieser Zeit die große Bedeutung dieser „Tuchreliquie“ wirklich klar war. Noch im 9. Jahrhundert sprach man nur von einer unbestimmten Reliquiensendung der heiligen Helena an die Trierer Kirche, zur Domweihe 1012 wurde dieses Tuch als „ungenähtes Gewand des Herrn“ bezeichnet. Erst im

1996 wurde der Heilige Rock zum dritten und letzten Mal im 20. Jahrhundert öffentlich gezeigt. Das Gewand liegt geschützt in einem klimatisierten Glasschrein.

12. Jahrhundert setzten sich die Überzeugung und der Stolz durch, die wirkliche „Tunika des Herrn“ zu besitzen. Ihr Schicksal in einer reliquienversessenen Zeit ist jedoch einigermaßen merkwürdig. 1196 wurde sie bei Umbauarbeiten im Westchor des Doms vom Trierer Erzbischof Johann I. wieder entdeckt und öffentlich gezeigt, um anschließend für lange Zeit mit anderen wertvollen Stücken des Reliquienschatzes im neu errichteten Petrusaltar wieder zu verschwinden.

Die erste Wallfahrt

Die nächste Ausstellung der Kostbarkeit erfolgte erst wieder auf Wunsch Kaiser Maximilians I. im Jahr 1512. Dieses Ereignis hat Albrecht Dürer in einem Holzschnitt festgehalten. Der Andrang der Pilger war so groß, dass die Stadt die Menschenmassen weder beherbergen noch versorgen konnte und auf Hilfe des Umlandes angewiesen war. Wegen des großen Erfolgs – wie man heute sagen würde – folgte im nächsten Jahr eine weitere Ausstellung. Laut der Ablassbulle aus dem Jahr 1515 von Papst Leo X. sollte die Tunika wie die Aachener Reliquien nur alle sieben Jahre gezeigt werden. Doch die Menschenmassen, die 1515 acht Tage lang am Heiligen Rock vorbeizogen, waren so groß, dass man ihn auch in den beiden nächsten Jahren zur Schau stellte. Kriege und Religionswirren verhinderten in den folgenden Jahrzehnten weitere Veröffentlichungen. Aus Sicherheitsgründen wurde die Reliquie ab 1657 auf der Festung Ehrenbreitstein aufbewahrt, wo sie für lange Zeit im Verborgenen lagerte. Erst im 19. und 20. Jahrhundert wurde sie jeweils drei Mal, nämlich 1810, 1844, 1891 und 1933, 1959, 1996, ausgestellt. Die nächste Ausstellung mit großer Wallfahrt wird voraussichtlich zum 500-jährigen Jubiläum der ersten Wallfahrt 2012 stattfinden.

Wunder

1891 erteilte der damalige Bischof die Erlaubnis, den Heiligen Rock mit der Hand zu berühren. Die Prüfungskommission bestätigte daraufhin elf Heilungen und 27 Gnadenerweise. Im Jahr 1933 wurden sogar 40 Heilungen verzeichnet.

Der Petrusbrunnen zeugt von der Petrusverehrung in Trier. Ein Zahn und eine Kette des Heiligen befinden sich im Dom.

Das ohne Naht in einem Stück gewebte Untergewand, das Jesus bis kurz vor seiner Kreuzigung trug. Wie viel Originalsubstanz des Kleidungsstücks bei den zahlreichen Ausbesserungen und Restaurierungen die Jahrhunderte überdauert hat, ist fraglich, aber das mindert die Anziehungskraft der Reliquie keineswegs.

Aufbewahrung des Heiligen Rocks

Seit der Domrenovierung im Jahr 1974 wird der Heilige Rock in seinem angestammten Holzschrein von 1891 sowie in einem weiteren, klimatisierten Glasschrein aufbewahrt. Von dem ursprünglichen Tuch ist durch die vielen Umlagerungen, Ausbesserungen und Umgestaltungen im Laufe der Jahrhunderte wahrscheinlich so gut wie nichts mehr im Original vorhanden.

Der Schrein wird in der Heilig-Rock-Kapelle aufbewahrt, die nur während der Heilig-Rock-Tage geöffnet ist. Der Rock selber ist aber auch dann nicht zu sehen. Dies ist nur an den speziell angekündigten großen Wallfahrten möglich.

Die Heilig-Rock-Tage finden seit 1997 jährlich statt. Sie beginnen am Freitag nach dem Weißen Sonntag (also der zweite Freitag nach Ostern) und dauern zehn Tage.

Weitere Reliquien des Doms

Ein Nagel vom Kreuz Jesu, ein Zahn und eine Kette des heiligen Petrus sowie eine Sandale des heiligen Andreas, allesamt Geschenke der heiligen Helena, sind weitere kostbare Reliquiare des Domschatzes. Sie spielen heute wie damals in der Liturgie der Domkirche eine wichtige Rolle, indem sie den Gläubigen auf den Altären präsentiert, bei Prozessionen mitgeführt oder wichtigen Persönlichkeiten als Ehrenbezeugung privat gezeigt werden.

Neben dem Heiligen Rock im Dom ist das Grab des Apostels Matthias in der Benediktinerabtei Sankt Matthias das zweite wichtige Pilgerziel in Trier. Es ist das einzig bekannte Apostelgrab nördlich der Alpen.

Das Leben des Heiligen

Matthias wurde laut Apostelgeschichte (Apg 1,23–26) von den verbliebenen elf Jüngern zum Nachfolger Judas Iskariots gewählt und in den Kreis der Jünger aufgenommen. Nach der Himmelfahrt Christi begann er zu predigen, erst in Palästina, später zog er bis nach Äthiopien, wo er um das Jahr 63 den Märtyrertod erlitt. Über die Art seines Todes gibt es in den Quellen unterschiedliche Aussagen: Enthauptung, Steinigung und Kreuzigung. Aufgrund verschiedener Legenden werden ihm als Attribute Buch/Buchrolle und Schwert, Hellebarde, Beil, Kreuz oder Steine zu seinen Füßen zugeordnet. Wo er bestattet wurde,

Sankt-Matthias-Basilika in Trier

ist ungewiss. Eine Legende spricht von der Kirche Santa Maria Maggiore in Rom. Jedenfalls soll die heilige Helena einen Teil seiner Gebeine als Geschenk an den Trierer Bischof Agricius gesandt haben.

Info

Name: Wallfahrt zum heiligen Matthias
Ort: Abtei- und Pfarrkirche Sankt Matthias, Trier
Hochtag: 24. Februar, um Christi Himmelfahrt; ganzjährig

Benediktinerabtei Sankt Matthias, Matthiasstraße 85
D-54290 Trier, Tel. 0651/31079, Fax 0651/1709-243 (Pilgerbüro), Benediktiner@AbteiStMatthias.de
www.AbteiStMatthias.de

Matthias' letzte Ruhestätte

Die Gebeine des Heiligen wurden in der Grabkirche des heiligen Eucharius, einem der ersten Trierer Bischöfe und Schüler des heiligen Petrus, aufbewahrt. Daraus entstand in späteren Jahrhunderten die Benediktinerabtei mit der Kirche Sankt Matthias. Erst beim Bau dieser Kirche 1127 wurden die gut versteckten Gebeine des Apostels wieder aufgefunden. Angeblich hatte einer der Mönche der Abtei einen Traum, der ihm den Weg zum Grab wies: Am Fuß des Muttergottesaltars sprudelte eine Quelle hervor, an der alle Menschen sich laben und waschen konnten. Wer krank war, wurde geheilt. Über der Quelle stand der heilige Matthias in einem golddurchwirkten Mantel und versprach, dass alle, die mit demütigem Herzen und festem Glauben an dieser Stelle Fürbitte täten, erhört würden. Als die Mönche die Stelle untersuchten und den Muttergottesaltar abbrachen, fanden sie einen Schrein aus Blei mit der Inschrift „B. Matthias Apostolus". So wurde die neue Kirche selbstverständlich dem heiligen Matthias geweiht. Diese Weihe vollzog Papst Eugen III. im Jahr 1148. Seitdem ist das Grab des Matthias ein gern besuchtes Pilgerziel, besonders in der Zeit um Christi Himmelfahrt.

Volksfrömmigkeit

Der heilige Matthias erfreut sich im Brauchtum einer großen Beliebtheit. Er ist nicht nur Schutzpatron des Bistums Trier und des Landes Luxemburg, sondern auch Patron vieler weiterer Städte wie Goslar, Hildesheim und Hannover, darüber hinaus Schutzherr der Bauhandwerker, Schmiede, Schneider und Zuckerbäcker sowie Helfer bei Keuchhusten, Blattern und ehelicher Unfruchtbarkeit. Sein Gedenktag, der 24. Februar, ist der „Lostag" für die Witterung: Als Vorbote des Frühlings erfolgt an seinem Tag das Wachschütteln der Bäume aus dem Winterschlaf.

Jan de Beer: „Die Marter des Apostels Matthias", 1530/35

Bruderschaften

Am Anfang einer jeden Pilgerreise steht die Frage, ob man sich alleine oder in einer Gruppe auf den Weg machen möchte. Wer alleine geht, kann sein eigenes Tempo finden, bestimmt seine Ruhe- und Mahlzeiten selbst und kann, wenn ihn allein auf weiter Flur eine starke Gefühlswelle überspült, hemmungslos laut lachen, weinen oder singen.

Pilgern in der Gruppe

Klassischerweise, sprich im Mittelalter, ist man nicht alleine gepilgert. Zwar sind viele Pilger von daheim alleine aufgebrochen, unterwegs suchte man jedoch den Anschluss an eine Gruppe. Die Gründe dafür waren vielfältig: Die Gruppe bot Schutz und Geborgenheit. Der Brudermeister in alten Zeiten führte nicht von ungefähr eine Pike mit sich, die Räuber und Wegelagerer abschreckte, aber sie verschaffte ihm auch Respekt, wenn es galt, Zwistigkeiten unter seinen Schutzbefohlenen zu schlichten. Dies mag heute nicht mehr erforderlich sein, aber die Gruppe kann schließlich noch mehr.

Organisation durch eine Bruderschaft

Überlässt man die Organisation der Strecke einer Bruderschaft (eine vereinsähnlich strukturierte Körperschaft, eine Gruppe von Laien, die sich eine übergeordnete, lebensbereichernde christliche Aufgabe gibt, etwa eine jährliche Pilgerreise oder seelsorgerische Tätigkeiten) und schließt sich ihr an, kann man hinsichtlich der Übernachtungen, der Verpflegung und meist auch des Gepäcktransports von Station zu Station völlig sorglos aufbrechen und sich ganz auf die spirituellen Erfahrungen sowie auf die eigene körperliche Leistungsfähigkeit konzentrieren.

Das Wandern in der Gruppe unterstützt die Pilgerschaft. Gespräche sind möglich, aber man kann ihnen auch aus dem Weg gehen. Lieder oder Gebete geben der Wanderschaft Rhythmus und Struktur; Durststrecken – mental oder physisch – werden leichter überwunden. Mal kann man andere motivieren durchzuhalten, mal „zieht" die Gruppe den müden Pilger, der zurückfällt, mit sich.

Im Zeichen des Kreuzes

Die meisten Bruderschaften führen auf dem Pilgerweg ein Kreuz mit sich. Die Teilnehmer übernehmen es reihum, das Kreuz vorneweg

links: Stationen der Kölner Matthias-Bruderschaft nach Trier (von links nach rechts): Kreuzberg/Ahr, Nürburg, Daun und Kloster Himmerod

zu tragen, mal über Stunden, mal für wenige Minuten. Das Tragen des Kreuzes hat einen hohen symbolischen Wert. „Darauf sagte Jesus zu seinen Jüngern: Wer mein Jünger sein will, verleugne sich selbst, nehme sein Kreuz auf sich und folge mir nach." (Mt 16,24)

Bewährte Wege

Folgt man auf seiner Pilgerreise – vor allem, wenn es die erste ist – bewährten Wegen, tritt der abenteuerliche Aspekt, der manche Pilgerberichte prägt und zweifellos interessant macht, in den Hintergrund. Der Fokus liegt dann ganz auf der Selbsterfahrung. Wer sich auf die Erfahrung einer Bruderschaft oder langjährig bestehenden Pilgergruppe verlässt, profitiert von einer angenehmen, landschaftlich reizvollen Streckenführung mit Etappen, die erfahrungsgemäß von Jung und Alt zu bewältigen sind.

Eine Pilgergruppe finden

Eine Pilgerbruderschaft oder eine lose organisierte Pilgergruppe findet man über das Internet oder indem man Bekannte oder den Pfarrer danach fragt. Möchte man zu einem bestimmten Ort pilgern, ist es sinnvoll, sich am Zielort zu erkundigen. Dort kennt man zahlreiche Bruderschaften, weil diese ihre Ankunft meist anmelden (müssen). In den Infokästen in diesem Buch sind verschiedene Kontaktstellen angegeben.

Am Ziel

Am Ende der Reise, seien es drei Stunden oder zehn Tage, steht die Ankunft an der ausgewählten Wallfahrtsstätte. Ob und wie man dort empfangen wird, ist von Ort zu Ort unterschiedlich, aber meist erfahren größere, angemeldete Gruppen eine besondere Begrüßung. In Trier etwa werden an den Hochfesttagen um Christi Himmelfahrt herum die eintreffenden Bruderschaften im Halbstundentakt feierlich mit Glockengeläut empfangen und vom Hof in die Kirche geführt. Erstlinge werden vom Pilgervater persönlich beglückwünscht und mit einer Pilgermedaille ausgezeichnet.

Manche gehen nun zum Heiligtum des Ortes, in Trier z.B. zum Grab des heiligen Matthias, und knien dort nieder, um zu beten. Für andere ist das nicht mehr so wichtig, da war vielleicht der Weg schon das Ziel.

Info

Name: Wallfahrt zur Patrona Spirenis
Ort: Dom Sankt Maria und Sankt Stephan, Speyer
Hochtage: 2. August (Festtag des heiligen Papstes Stephanus) und 15. August (Mariä Himmelfahrt); ganzjährig

Dompfarramt Speyer, Edith-Stein-Platz 6
D-67346 Speyer, Tel. 06232/102-140
Fax 06232/102-144
dompfarrei@bistum-speyer.de

Der Dom in Speyer ist heute die weltweit größte erhaltene romanische Kirche (nach der Zerstörung Clunys), seit 1981 gehört er zum UNESCO-Weltkulturerbe. Die vom salischen Kaiser Konrad II. gegründete Kirche war von Beginn an – die erste Weihe fand 1061 statt – der Gottesmutter Maria gewidmet. Mit mehreren Umbauten und Erweiterungen erreichte sie unter Heinrich IV. (1106) und Heinrich V. (1125) ihre jetzige monumentale Größe.

Der Kaiserdom in dem damals nur 500 Einwohner zählenden Speyer war von machtpolitischer Bedeutung für die Dynastie: Er sollte als größte Kirche des Abendlandes ein Symbol mittelalterlichen Herrschaftsverständnisses und seiner Legitimation sein. Hier befinden sich die Grabmonumente von acht Kaisern und Königen aus den Geschlechtern der Salier, Staufer und Habsburger.

Das Gnadenbild

Das erste Gnadenbild aus der salischen Epoche war eine vergoldete thronende Madonna. Bernhard von Clairvaux kniete vor ihr, als er Weihnachten 1146 zu Gast in Speyer weilte, um Konrad III. zum zweiten Kreuzzug zu bewegen. Als Bernhard vor dem Marienbild betete, soll er der Begrüßung „Salve Regina“ (Sei gegrüßt, Königin) die Worte „o clemens, o pia, o dulcis virgo Maria“ (oh sanftmütige, reine, liebliche Jungfrau Maria) angefügt haben. An diese Szene erinnern vier runde Messingplatten im Mittelgang, auf denen jene Worte eingraviert sind.

Dieses Ereignis wird in den Speyerer Chroniken unterschiedlich beschrieben. In der ersten Version habe das Marienbild Bernhard mit folgenden Worten begrüßt: „Ben venia, mi fra Bernarde“ (Willkommen, Bruder Bernhard), der daraufhin antwortete: „Grand merci, mi Domina“ (Vielen Dank, meine Herrin). Eine andere Quelle berichtet, dass Bernhard auf den Willkommensgruß Marias mit einem Zitat des Apostels Paulus geantwortet hätte: „Mulier taceat in ecclesia!“ (Die Frau schweige in der Kirche!). Jahre später werden beide Versionen vom Stadtschreiber Christoph Lehmann (1612) angezweifelt, der nicht glauben mochte, dass eine Statue deutsch, lateinisch oder eine im Frühmittelalter gebräuchliche fränkische Sprache sprechen könne, und darauf hinweist, dass diese Legende schließlich erst rund 400 Jahre später niedergeschrieben worden sei, nämlich um 1563.

Zu Beginn des 14. Jahrhunderts wurde die romanische Statue durch ein gotisches Marienbild ersetzt, das Pilger von nah und fern anzog, die an dessen Wundertätigkeit glaubten. Die Wallfahrt erlosch, nachdem der Dom 1794 von französischen Truppen angezündet worden war und vollständig ausbrannte. Auch das Marienbild verbrannte dabei.

Die Wallfahrt lebte zu Beginn des 20. Jahrhunderts wieder auf, als ein neues Gnadenbild, von August Weckbecker geschaffen und von Papst Pius XI. in Rom geweiht, 1930 aus Anlass der 900-Jahr-Feier der Grundsteinlegung (1030) in die Kathedrale überführt wurde.

Der Dom im rheinland-pfälzischen Speyer, von Südwesten gesehen. Gemessen an seiner enormen Größe war die Bauzeit (1030–1061) relativ kurz. Das Westwerk wurde in den Jahren 1854 bis 1858 erneuert.

„Oh je, warum musste mir nur gerade jetzt solch ein Missgeschick passieren?" So oder so ähnlich wird wohl der Priester Heinrich Otto gedacht haben, als er den Kelch mit dem schon konsekrierten Wein bei einer Eucharistiefeier im Jahr 1330 umstieß und der Wein, das Blut Christi, auf die Altardecke, das Korporale, floss. Es zeichnete sich das Bild des Gekreuzigten ab, umgeben von elf Häuptern Christi mit der Dornenkrone, sogenannten *veronicae*. Zu dem Schrecken des kleinen Unglücks kam nun noch der Schrecken über diese Kontur auf dem Leinentuch. Wie war das zu erklären? Am besten gar nicht. Otto versteckte das Korporale hinter einem Stein des Altars und die Sache ward vergessen – beinahe, denn auf dem Sterbebett, 50 Jahre später, verriet der Priester, was anscheinend seinem Gewissen keine Ruhe gelassen hatte: Er erzählte von dem verschütteten Wein und dem Abbild auf dem Korporale und nannte das Versteck. Dort wurde das Tuch unversehrt aufgefunden. Und das Bild des Gekreuzigten und die „Veroniken" waren genauso abgebildet, wie Otto es beschrieben hatte.

Das Blutmirakel wird bekannt

Mit Auffinden des Tuchs beginnt auch die Verehrung des Blutwunders von Walldürn, und die ersten Pilger aus der Umgebung kommen in die kleine Pfarrkirche Sankt Georg. 1408 bestätigt Gerhard von Schwarzenberg, Bischof von Würzburg, das Wunder. Ab diesem Zeitpunkt setzen größere Wallfahrten ein. Einen weiteren Aufschwung nimmt die Wallfahrt zum Blutwunder, als Papst Eugen IV., nachdem er das Tuch in Augenschein genommen hat, 1445 das Wunder seinerseits bestätigt und einen Ablasstag für den achten Tag (Oktav) nach Fronleichnam bewilligt. An diesem Tag konnte die Kirche den Ansturm der Pilger kaum bewältigen. Es mussten fünf zusätzliche Altäre eingerichtet werden, an denen die Priester den Pilgern die Kommunion austeilen konnten. Dieser erste Ablasstag wird noch heute als „Großer Blutfeiertag" begangen. Die Prozession an diesem Tag ist sogar größer als die Fronleichnamsprozession eine Woche vorher. Mit Einrichtung dieses Ablasstages wurde endgültig eine Erweiterung der Kirche notwendig, die 1497 geweiht werden konnte.

Info

Name: Wallfahrt zum Heiligen Blut
Ort: Sankt Georg, Walldürn
Hochtage: Beginn der vierwöchigen Hauptzeit ist der Sonntag nach Pfingsten (Fest der Heiligen Dreifaltigkeit). Nur in Walldürn wird der „Große Blutfeiertag", der Donnerstag nach Fronleichnam, begangen. Für die Pilger finden aber ganzjährig Lichterprozessionen, Messen und besondere Wallfahrten (für Motorradfahrer, Radfahrer, Jugendliche, Kranke ...) statt. Es gibt zwei etablierte Fußwallfahrten von Köln (264 km) und von Fulda aus (145 km).

Katholisches Pfarramt Sankt Georg, Burgstraße 26
D-74731 Walldürn, Tel. 06282/92030
Fax 06282/95533, wallfahrt@st-georg-wallduern.de
www.st-georg-wallduern.de

Dieses kleine Triptychon des Hofmalers Hans Ulrich Bühler (um 1590–1640) mit dem Titel „Heiligblutwunder von Walldürn" aus dem Jahr 1621 zeigt den Heilig-Blut-Altar von Zacharias Juncker in der alten Wallfahrtskirche.

Der Pfarrer Jost Hoffmann

Mit dem Trienter Konzil wurde es allgemeine Pflicht, dass Pfarrer im Ort ihrer Kirchengemeinde wohnen. Damit sollten die Seelsorge und das religiöse Gemeindeleben verbessert werden. Jost Hoffmann – latinisiert Hoffius – betreute ab 1586 die Wallfahrtskirche und Gemeinde Walldürn. Er war ein großer Förderer der Wallfahrt und erwirkte nicht nur eine weitere Vergrößerung der Kirche, sondern setzte statt des einen drei Ablasstage durch. Die Kirche war an diesen Tagen rund um die Uhr für Gemeindemitglieder und Pilger geöffnet.

Die Barockkirche

1698 wurde der Grundstein der neuen barocken Wallfahrtskirche Sankt Georg gelegt, die 1728 geweiht wurde. Ihre Bauzeit fiel in die Amtsperiode des Mainzer Kurfürsten und Erzbischofs Lothar Franz von Schönborn. Papst Johannes XXIII. erhob sie zur *Basilica minor*. Die Hauptwallfahrtszeit wurde auf 14 Tage verlängert. Anlässlich der Weihe der neuen Kirche wurde während dieser beiden Wochen die Kommunion an 116 000 Pilger ausgeteilt. Auch Walldürn wurde Opfer der Säkularisation: Das Kapuzinerkloster wurde 1803 aufgelöst. Doch 1863 erteilte der Papst einen neuen Ablass für Walldürn, wodurch sich die Pilgerzahlen stetig erhöhten. Seit 1938 betreuen Augustiner den Wallfahrtsort und die Pilger. Heute ist Walldürn nach Altötting und Kevelaer Deutschlands drittgrößter Wallfahrtsort, der jährlich von bis zu 150 000 Pilgern besucht wird.

linke Seite: Die Wallfahrtsbasilika

links: Der prächtige Hochaltar aus Stuckmarmor wird links von Kirchenpatron Sankt Georg und rechts vom heiligen Martin flankiert. Das Altarbild zeigt eine Abendmahlsszene.

Der Heilig-Blut-Altar

Im Jahre 1497 wurde im nördlichen Querschiff der Heilig-Blut-Altar errichtet. Seit 1683 befindet sich hier die Altardecke in einem eigens dafür hergestellten silbernen Schrein. Der von Zacharias Juncker aus Miltenberg gefertigte Altar (1622–1626) steht frei im Raum und kann somit von den Gläubigen umschritten werden. Das kunstvolle Retabel (der Altaraufbau) aus Alabaster und Sandstein birgt den Schrein mit dem Bluttuch. In den Altar ist 1956 nachträglich eine Treppe eingebaut worden, damit die Pilger den Schrein mit der Hand berühren können.

Zum Schutz des Originaltuchs ist 1920 ein weiteres Tuch unterlegt worden. Auf dem Original ist mit bloßem Auge schon seit Langem keine Abbildung mehr zu sehen, so ausgeblichen ist es. 1950 wurde das Tuch mittels einer Lampe mit ultraviolettem Licht (Quarzlampe) untersucht. Zwar war auf dem Original nichts zu erkennen, aber auf dem Schutztuch zeigte sich die Kontur des Gekreuzigten. Die Erklärung hierfür lautete, dass die durch den Blutwein chemisch veränderten Leinenfasern die Lichtdurchlässigkeit des Tuches entsprechend verändert hätten.

Info

Name: Wallfahrt zu den Drei heiligen Hostien und zu Unserer Lieben Frau
Ort: Kloster- und Wallfahrtskirche Mariä Verkündigung, Andechs
Hochtage: Kreuzwoche vor Christi Himmelfahrt und der 4. Sonntag nach Pfingsten, das Dreihostienfest; ganzjährig

Kloster Andechs, Bergstraße 2, D-82346 Andechs
Tel. 08152/376-0, Fax 08152/376-143
info@andechs.de, www.andechs.de

Auf dem Berg Andechs stand die Stammburg des fränkisch-bayrischen Grafengeschlechts von Andechs, deren berühmteste Vertreterinnen Königin Agnes von Frankreich († 1201), Königin Gertrud von Ungarn (1185–1213, Mutter der heiligen Elisabeth von Thüringen) sowie die heilige Hedwig von Schlesien (1147–1243) waren.

Die Geschichte von Andechs als Wallfahrtsort begann im 10. Jahrhundert, als Graf Rasso von Andechs die ersten Reliquien aus dem Heiligen Land mitbrachte. Es handelte sich um sogenannte Herren-Reliquien: Partikel des Kreuzes, an dem Jesus gestorben war, einige Dornen aus seiner Krone und ein Schweißtuch. Doch erst mit den „Drei heiligen Hostien", die Graf Berthold 1182 von seinem Bruder Otto II., dem Bischof vom Bamberg, erhalten hatte, setzte ein massiver Pilgerstrom zum Heiligen Berg ein.

Die Hostien

Zwei der Hostien gehen auf Papst Gregor I., den Großen, (590–604) zurück. Sie sollen sich während einer Messe in seiner Hand in Fleisch verwandelt haben. Die dritte stammt von Papst Leo IX. (1049–1054) und soll sich in seiner Hand rot verfärbt und als wundertätig erwiesen haben. Diese Hostien, in Bergkristall gefasst, werden seit 1432 in einer silbernen, mehr als einen Meter hohen Monstranz, der Dreihostienmonstranz, aufbewahrt.

Die Reliquien gingen 1249 verloren, als die Burg von Andechs geschleift wurde. Ein Jahr vorher war der letzte männliche Nachkomme der Grafen von Andechs gestorben: Das Geschlecht derer von Andechs existierte nicht mehr, und der Besitz ging an die Wittelsbacher über.

Wundersame Auffindung der Reliquien

1388 wurde ein Priester von einer Maus zum Altar der Nikolauskapelle in der alten Burg geführt. Als dort gegraben wurde, fand sich der berühmte Reliquienschatz, der daraufhin in die Münchener Hofkapelle überführt wurde. Dieser Fund führte zum ersten Jubelablass außerhalb Italiens für ein ganzes Jahr. Rund 60 000 Pilger kamen in diesem Jahr zu den Heiligtümern in die bayrische Hauptstadt.

rechts: Andechs lockt auch außerhalb der Hauptpilgersaison Besucher an. Die Kombination aus heiligem Ort und landschaftlichen Reizen macht Andechs nach Altötting zum zweitgrößten Wallfahrtsort Bayerns.

Gnadenkapelle

Der zweigeschossige Hochaltar mit der sitzenden Madonna in der Mitte. Das Jesuskind reicht dem Betrachter eine Traube dar.

Rückkehr nach Andechs

Schon 1394 wurden die heiligen Hostien zurück nach Andechs gebracht. Andere Teile des Schatzes folgten Anfang des 15. Jahrhunderts. Zur Aufnahme der Wallfahrer wurde eine neue Kirche (1420–1458) auf dem Burgberg erbaut, außerdem richtete Ernst Herzog von Bayern ein Chorherrenstift ein, in dem man sich seelsorgerisch um die Pilger kümmerte. Sein Sohn Albrecht III. wandelte das Stift in ein Benediktinerkloster um, das bis zur Säkularisation 1803 bestand.

Die Wallfahrtskirche

Die 1458 geweihte alte Wallfahrtskirche brannte 1669 nach einem Blitzschlag völlig ab, konnte jedoch dank zahlreicher Pilgerspenden schon 1675 wieder in neuem Glanz erstrahlen. Zwischen 1751 und 1755 erhielt die Kirche ihr heutiges Aussehen durch Johann Baptist Zimmermann, der sie im Rokokostil ausstattete.

Bemerkenswert ist vor allem der zweigeschossige Hochalter. Unten thront Maria als gekrönte Himmelskönigin mit dem Jesuskind auf dem Schoß (entstanden um 1500). Dieses hält in seiner linken Hand einen Rebenzweig. Mit der rechten Hand hat es eine Weintraube abgerissen und bietet sie dem Betrachter an – Wein als Symbol für das Blut Christi und Zeichen der Eucharistie. Über dieser Marienfigur steht die 1608 von Johann Dengler geschaffene *Maria Immaculata* (Unbefleckte Empfängnis). Beide Altäre stammten noch aus der alten Wallfahrtskirche und wurden von Zimmermann mit Barock- und Rokokoelementen versehen.

Eine Geschichte am Rande: Albrecht III., der Fromme, (1438–1460) ist in der Andechser Wallfahrtskirche bestattet. Seine Gattin Agnes Bernauer wurde von Herzog Ernst, der die unstandesgemäße Verbindung des Sohnes verhindern wollte, bei Straubing in der Donau ertränkt. Das zweite interessante Grab ist das von Carl Orff (1895–1982), der aus der Gegend um Andechs stammt und der u.a. mit seiner Oper „Die Bernauerin" seine Verbundenheit mit Andechs zeigte. In Andechs findet zum Gedenken an den Komponisten alljährlich das „Orff-in-Andechs-Festival" statt.

Die im Mittelalter florierende Marienverehrung, von der auch Andechs profitierte, zeigt sich idealtypisch in diesen beiden Altären. So wird heute neben den „Drei heiligen Hostien" auch die „Andechser Madonna" verehrt.

Das Kloster Andechs heute

Nach seiner Auflösung gelangte das Kloster 1803 in Privatbesitz: König Ludwig I. von Bayern kaufte es und stiftete es 1850 der von ihm gegründeten Benediktinerabtei Sankt Bonifaz in München als Wirtschaftsgut.

Das Priorat ist wirtschaftlich so erfolgreich, dass es Sankt Bonifaz heute eigenständig finanziert, denn Andechs ist nicht nur ein bedeutender Wallfahrtsort, nach Altötting der zweitgrößte in Bayern, sondern auch sonst ein beliebtes Ausflugsziel. Die Andechser Klosterküche und vor allem die Bierbrauerei ziehen ebenso große Besucherströme an wie die vielfältigen kulturellen Veranstaltungen.

Von den ehemals über 200 Stücken des Reliquienschatzes besitzt das Kloster heute noch etwa 45, die in einer Kapelle über der Empore der Wallfahrtskirche aufbewahrt werden. Neben den „Drei heiligen Hostien" in ihrer Monstranz zählen dazu auch das Brustkreuz und das Brautkleid der heiligen Elisabeth von Thüringen (1207–1231), das Siegeskreuz von Karl dem Großen, eine Kopfreliquie der heiligen Hedwig und die „Goldene Rose", die Papst Felix (1440–1449) Herzog Albrecht III. verliehen hat. Sehenswert ist das sogenannte Wachsgewölbe. Zahlreiche Besucher, Gemeinden, Prozessionen und Fürstenhäuser haben bei ihrer Wallfahrt kostbare Kerzen gespendet. Rund 250 prachtvolle Kerzen, die älteste datiert von 1588, sind hier zu bestaunen.

Altötting, rund 100 Kilometer östlich von München gelegen, eine auf römische Siedlungsreste zurückgehende kleine Gemeinde, findet im Jahr 748 zum ersten Mal urkundlich Erwähnung. 788 wird Altötting zur karolingischen Pfalz und Residenz ernannt.

Die Pfalzkapelle, ein oktogonaler Zentralbau, ist das Herzstück der Wallfahrt nach Altötting. Darin befindet sich eine frühgotische, auf 1333 datierte Marienstatue aus Lindenholz mit dem Jesuskind auf dem Arm. Erst später wurden die Figuren mit barocken Prunkgewändern bekleidet und bekrönt. Ruß von unzähligen Kerzen hat das Holz im Laufe der Jahrhunderte schwarz gefärbt. So entstand die Schwarze Madonna von Altötting.

Die ersten Wunder

Der Jesuit Jakob Issickemer beschreibt das erste Wunder, das sich 1489 ereignet haben soll, in seinem Mirakelheft „Büchlein der Zuflucht zu Maria“ (erschienen 1497 in Nürnberg) folgendermaßen: Ein dreijähriger Junge war bei Altötting in die Mehren, einen Bach, gefallen und ertrunken. Seine Mutter wollte nicht an seinen Tod glauben und trug ihren Sohn zum Marienaltar in der Kapelle. Dort flehte sie Maria an, ihrem Kind das Leben wiederzugeben, und kurz darauf wurde der Sohn wieder lebendig.

Der Überlieferung nach trug sich kurz darauf ein weiteres Wunder zu. Ein Sechsjähriger, der von einem Fuhrwerk überrollt und für tot erklärt wurde, erwachte nach Fürbitten bei der Muttergottesstatue ebenfalls zum Leben.

Info

Name: Wallfahrt zur Schwarzen Madonna und zum heiligen Konrad
Ort: Gnadenkapelle Sankt Marien, Basilika Sankt Anna, Sankt-Konrad-Kirche, Altötting
Hochtag: 15. August (Mariä Himmelfahrt) und 21. April (Todestag des heiligen Konrad von Parzham); ganzjährig

Katholisches Pfarramt Sankt Philippus und Jakobus
Kapellplatz 4, D-84503 Altötting, Tel. 08671/5166
info@altoetting-wallfahrt.de
www.altoetting-wallfahrt.de

Altöttings erster Pilgeransturm

Die Kunde von dem wundertätigen Marienbild verbreitete sich so rasch, dass die Kapelle erweitert werden musste: Ein Langhaus (1497) mit Pilgerumgang und ein Türmchen wurden angebaut. Die Finanzierung war durch die Einnahmen aus den Opfergeldern der Wallfahrer gesichert. Diese waren so hoch, dass die Gnadenkapelle dem Landesfürsten sogar ein Darlehen gewähren konnte. Auch die kleine romanische Stiftskirche neben der Kapelle, in der die Wallfahrtsgottesdienste gefeiert wurden, musste einem größeren Kirchenbau weichen, der 1511 geweiht wurde. In ihm befinden sich heute die

Schatzkammer der Wallfahrtskapelle, das Grabmal des karolingischen Königs Karlmann, der die erste Kirche gestiftet hatte, und der Sarg des Generalfeldmarschalls Johannes Czerklaes Graf von Tilly, der im Dreißigjährigen Krieg für die katholische Seite kämpfte.

Zu Beginn des 15. Jahrhunderts wurde die Kunde von der wundertätigen Schwarzen Madonna über Altbayern hinaus getragen. Der Pilgerruf reichte bis nach Franken, Österreich, Böhmen, Südtirol, Kärnten, in die Steiermark und ins Rheinland. Zur Verbreitung trugen wesentlich die Mirakel- und Votivtafeln bei, die im überdachten Pilgerumgang angebracht werden konnten, sowie die Wallfahrtsbildchen, die kostenlos an die Pilger verteilt wurden und die diese dann mit in ihre Heimat nahmen.

Die Madonna mit Kind aus dem Jahr 1333 ist aus Lindenholz geschnitzt. Nachdem sie jahrzehntelang dem Ruß unzähliger Kerzen ausgesetzt war, wurde sie zur „Schwarzen Madonna von Altötting".

Einen Rückgang erlebten die Marienverehrung und mit ihr das Wallfahrtsgeschehen durch die Reformation. Doch da Bayern katholisch blieb und die Wallfahrt nach Altötting immer die besondere Fürsprache der bayrischen Landesherren genoss – für die Wittelsbacher gehörte die jährliche Pilgerreise nach Altötting bis ins 20. Jahrhundert zur Familientradition –, war Altötting davon weniger betroffen. Seit Ende des 16. Jahrhunderts wurden die Pilger durch Orden und Stifte betreut: Das Jesuitenkloster Sankt Magdalena wurde 1591 gegründet, die Franziskaner ließen sich 1653 im Sankt-Anna-Kloster (heute Sankt Konrad) nieder, und 1660 wurde die Erzbruderschaft Unserer Lieben Frau von Alten-Oeting gegründet.

Einfluss der Wittelsbacher

Die jährlichen Pilgerreisen des Bayernherzogs Wilhelm V. und seiner Nachfolger waren eine politische Demonstration, die die katholischen Kräfte des Reichs bündelte. Nahezu alle katholischen Feldherren führten im Dreißigjährigen Krieg die Fahne mit dem Altöttinger Marienbild mit sich.

Seit Ende des 17. Jahrhunderts wählten die Landesfürsten die Gnadenkapelle als Beisetzungsort für ihre Herzen. Deren Reliquiare befinden sich in den oberen Rundbogennischen des Oktogons. Insgesamt werden hier die Herzen von zehn Regenten, drei weiteren Fürsten, elf adeligen Frauen und fünf Bischöfen aufbewahrt.

links: Das kleine Gebäude in der Mitte, von Bäumen umgeben, ist die Gnadenkapelle, rechts dahinter befindet sich die Stiftskirche mit den beiden spitzen Türmen, links im Vordergrund die barocke Sankt-Magdalenen-Kirche.

Das Ende für Altötting?

Die Säkularisation 1803 schien das Ende der Wallfahrt zur Schwarzen Madonna zu bedeuten. Die Ordensbrüder wurden vertrieben, das Stift aufgehoben und das Kapellvermögen eingezogen. Doch 1826/27 durften die Kapuziner, die ins ehemalige Franziskanerkloster gezogen waren, wieder seelsorgerisch tätig werden, und 1841 folgten ihnen die Redemptoristen ins ehemalige Jesuitenkloster. Die organisierten Wallfahrten nahmen ab 1826 stetig zu: Lagen in diesem Jahr Anmeldungen für 27 Pilgerzüge vor, waren es 1866 schon wieder 200. Mit dem Anschluss ans Eisenbahnnetz Ende des 19. Jahrhunderts (1898) begann dann die Zeit der großen Massen, die nach Altötting pilgerten. Die Stiftskirche – heute die Pfarrkirche Sankt Philippus und Jakobus – wurde für diesen Pilgeransturm zu klein. 1912 wurde daher die neue Wallfahrtskirche Sankt Anna *(Basilica minor)* geweiht, in der bis zu 8000 Gläubige an den Gottesdiensten teilnehmen können. Während der beiden Weltkriege brach das Pilgergeschehen noch einmal ein, doch heute ist der Ort mit jährlich über einer Million Pilgern der bedeutendste Marienwallfahrtsort Deutschlands.

Der heilige Konrad

Neben der Schwarzen Madonna hat Altötting seit der Heiligsprechung (1934) des Laienbruders Konrad von Parzham durch Papst Pius XI. eine zweite Attraktion für die Pilger: die ehemalige Klosterkirche Sankt Anna, die seit 1953 dem Heiligen gewidmet ist und nun Sankt Konrad heißt.

Geboren wurde Konrad als Johann Evangelist Birndorfer 1818 auf dem elterlichen Bauernhof Parzham bei Bad Griesbach. Doch statt den Hof zu übernehmen, trat er

1849 in das Kapuzinerkloster Sankt Anna ein. Als Laienbruder kümmerte er sich dort demütig und aufopfernd um die Pforte, die Pilger, Notleidende und Kinder. Sein Grab befindet sich heute in Sankt Konrad: In einem Glasschrein ruhen seine Gebeine, und sein Haupt ruht in einem kostbaren Reliquiar, das bei Prozessionen durch den Ort getragen wird. Vor der Kirche steht ein Brunnen, der Bruder-Konrad-Brunnen, dessen Wasser, obwohl de facto Leitungswasser, heilkräftigende Wirkung nachgesagt wird.

Die Gnadenkapelle

Zentrum der Pilgerfahrt nach Altötting ist die Gnadenkapelle mit der Figur der Schwarzen Madonna. Ihr silberner Altar steht in einer der acht Nischen, flankiert von zwei Silberfiguren. Dieser Altar ist 1645 im Auftrag Maximilians I. entstanden und wurde von mehreren Künstlern bis 1673 vollendet. Rechts steht der sogenannte Silberprinz, eine Statue des zehnjährigen Kronprinzen Maximilian III. Joseph von Bayern. Seine Eltern, Kaiser Karl VII. und seine Gemahlin Amalia, gelobten, eine Figur mit dem Lebendgewicht ihres Sohnes (41 Pfund) in Silber zu spenden, falls der Kronprinz von seiner schweren Erkrankung genesen würde. Das Kunstwerk schuf der Niederländer Willem de Groff im Jahr 1737. Das Pendant auf der linken Seite zeigt den knienden heiligen Konrad. Diese Statue wurde 1930/31 gefertigt. In den anderen Rundbogennischen der Kapelle stehen in Schauschränken Hunderte von Weihegeschenken, Silbervotiven und andere wert-

In der Basilika Sankt Anna wurde am 10. Juni 1998 ein Pontifikalamt zelebriert, um die 1250-Jahr-Feier des größten Marienwallfahrtsorts nördlich der Alpen zu eröffnen. Das Gnadenbild, die Schwarze Madonna, wurde dazu aus der Wallfahrtskapelle in den Altarraum der Basilika geholt.

Wallfahrer tragen entlang des sogenannten Pilgerumgangs still betend Holzkreuze um die Gnadenkapelle.

volle Gaben. Eines der kunstvollsten Stücke ist das „Goldene Rößl", eine um 1400 in Paris entstandene Goldschmiedearbeit, die König Karl VI. von Frankreich mit Pferd und Knappen vor der Madonna zeigt.

Jeder trägt sein Kreuz

Ein jedes Heiligtum, jede Pilgerstätte wird umschritten, oder die Pilger nähern sich dem jeweiligen Pilgerort demutsvoll auf verschiedene Weise – kniend, barfuß oder ein Kreuz tragend. In Altötting erzählt der Umgang um die Gnadenkapelle auf unzähligen Votivtafeln von dem profunden Glauben der Pilger und ihrer Dankbarkeit für seelischen Beistand und erlebte Hilfe durch Maria. Wer mag, kann beim Wandeln um die Kapelle ein Kreuz tragen (Kreuze lehnen an der Kapellenwand) und seine Last am Ende symbolisch Maria übergeben. Eine besondere Geschichte erzählt das Stocker-Kreuz: Der

22-jährige Franz Stocker, ein Zimmermann aus Prien am Chiemsee, verunglückte schwer, aber die Ärzte konnten sein Leben durch mehrere Operationen retten. Nach der letzten Operation fiel Franz Stocker jedoch in einen Starrkrampf und wurde für tot erklärt. Bei vollem Bewusstsein, aber ohne sich bemerkbar machen zu können, wurde er auf seine Beerdigung vorbereitet.

Im Leichenschauhaus glaubte er, wahnsinnig vor Angst zu werden, und flehte in seiner Not die Madonna von Altötting um Hilfe an. Falls sie beistünde, dann wolle er trotz verkrüppelter Füße ein zentnerschweres Kreuz von Prien nach Altötting zu ihrem Altar tragen. Daraufhin wurde er mitten in der Nacht von zwei Männern aus dem Sarg geholt, in ein Krankenzimmer gebracht und durch Massagen derart stimuliert, dass die Lähmung nach und nach wich.

Was war geschehen? Ein junger Assistenzarzt, der seine Schicht abends antrat, wunderte sich über den Verbleib von Franz Stocker. Dass er gestorben sein sollte, konnte er einfach nicht glauben. Während seines Dienstes wurde er von Zweifeln geplagt und holte schließlich nachts noch den Chefarzt aus dem Bett, der Wiederbelebungsversuche erfolgreich einleitete.

Nach seiner Genesung wanderte Franz Stocker betend den zwölfstündigen Weg von Prien nach Altötting, allerdings ohne Kreuz. Im Laufe der Jahre ging er diesen Weg neun Mal, jedes Mal kam er jedoch unbefriedigter und unausgeglichener wieder nach Hause, bis er das Beten und Pilgern schließlich ganz aufgab. Bald nagte das schlechte Gewissen an ihm. Er hatte das Gefühl, die Muttergottes sei böse auf ihn und lasse seine schmerzenden Füße als Entschuldigung nicht gelten.

Unter diesem Namen wurde im Jahr 2005 zu Ehren des aus Bayern stammenden Papstes Benedikt XVI. ein neuer Pilgerweg eröffnet. In Oberbayern verbrachte Joseph Ratzinger seine Kindheit und Jugend. Der Weg beginnt und endet in Altötting und führt über 224 Kilometer durch traumhafte Landschaft.

Die Erkenntnis, dass er erst dann wieder mit sich im Reinen sei, wenn er sein Gelübde vollständig einlöste, traf ihn wie ein Blitz, als einige Freunde eine Wallfahrt zum 1. Mai nach Altötting machen wollten und ihn ermahnten, nicht so gottlos über ihren Wunsch zu reden.

Am nächsten Tag gab Franz Stocker ein 2,50 Meter hohes Eichenkreuz, über einen Zentner schwer, in Auftrag. Zwei Tage lang, vom 30. auf den 31. Mai, schleppte er sich und das Kreuz nach Altötting und legte es vor dem Gnadenaltar nieder. Erst dann war er von seiner Last befreit, denn er glaubte, vor den Augen Mariens Gnade gefunden zu haben. Diesmal ging er leichten Herzens nach Hause.

Papst Benedikt XVI. besuchte Altötting im September 2006. Hier kniet er in Sankt Konrad am Grab des heiligen Bruders Konrad.

Violau

Das kleine 110-Seelen-Dorf Violau ist zu Recht stolz auf seine Wallfahrtskirche Sankt Michael. Aufgrund ihrer Baugeschichte und der reichen Ausstattung ist sie von großer kunstgeschichtlicher Bedeutung über Schwaben hinaus. Eine gotische Hallenkirche, die auf einem romanischen Ursprungsbau aufsetzt, liefert den Grundriss für die Barockkirche in ihrer heutigen Form. 1960 wurde sie umfassend renoviert.

Marienverehrung

Die Verehrung der schmerzenreichen Gottesmutter hat in Violau eine mindestens 500-jährige Tradition. Die erste große Wallfahrt dürfte 1555 gewesen sein, als 700 Pestkranke aus Augsburg am Gnadenbild um Heilung baten. Aufgrund des großen Zustroms an Wallfahrern entschloss man sich zu einem Kirchenneubau. 1620 konnte der

Info

Name: Wallfahrt zur Schmerzhaften Muttergottes
Ort: Sankt Michael, Violau
Hochtage: Patrozinium (29. September), Gelöbniswallfahrt (1. Mai). Ferner gibt es spezielle Wallfahrten: die Augsburger Wallfahrt (seit 1555), die Männer- und Soldatenwallfahrt, die Trachten-, Vertriebenen-, Dillinger Wallfahrt u. a.
Maria ist vom 13. Mai bis zum 13. Oktober 1917 den drei Kindern von Fatima erschienen. In Erinnerung daran wird in Violau an jedem Mittwoch um den 13. eines Monats der „Fatimatag“ mit einer Pilgermesse gefeiert.

Katholisches Pfarramt Sankt Michael
Sankt-Michael-Straße 8
D-86450 Altenmünster-Violau, Tel. 08295/608

Veilchenau

Der Name Violau führt etymologisch zu Viola, dem botanischen Namen für Veilchen. *Viola clementiae* (Veilchen der Demut und Güte) war im Mittelalter eine Bezeichnung für die Muttergottes.

heutige Sakralbau geweiht werden, 1683 wurde eine Pilgerwirtschaft gebaut, die bis in die 1980er Jahre bestand. Erst danach wurde der Bau durch das „Haus Nazareth" ersetzt, das Jugendgruppen aufnimmt.

Das aktuelle Gnadenbild in der Kirche kam 1688 nach Violau. Bei der Säkularisation 1803 drohte der Kirche das gleiche Schicksal wie so vielen anderen, der geplante Abriss konnte jedoch abgewendet werden, das Gnadenbild musste zwar entfernt werden, kehrte 1820 jedoch in die Kirche zurück.

ganz links: Ein Blick in den Kirchenraum mit seiner intensiven Farbigkeit, links: Das Gnadenbild, rechts: Eine von 14 Eichensäulen entlang des Rosenkranzweges

Ausstattung

An der Ausstattung der Barockkirche waren u. a. der Stuckateur Franz Xaver Feuchtmayer und der Maler Johann Georg Dieffenbrunner mit einem Freskenzyklus beteiligt.

Das Altarbild stammt von Johann Georg Bergmüller, dem ehemaligen Lehrer von Dieffenbrunner. Er hat die „Kreuzabnahme" von Peter Paul Rubens in mehreren Variationen kopiert, eine Kopie ist in Sankt Michael zu bewundern. Die Holzfiguren der beiden Rokokoaltäre wurden um 1760 in der Werkstatt von Johann Michael Fischer gefertigt.

Rosenkranzweg

Seit 1987 kann man auf dem Rosenkranzweg wandeln. 14 Eichensäulen laden dabei zur Besinnung und Entspannung in wunderschöner Umgebung ein.

Info

Name: Wallfahrt zum Gegeißelten Heiland
Ort: Wallfahrtskirche zum Gegeißelten Heiland auf der Wies, Wieskirche Steingaden
Pilgerzeiten: Mai bis Oktober; ganzjährig

Katholisches Pfarramt Wieskirche, Wies 12
D-86989 Steingaden, Tel. 08862/93293-0
Fax 08862/93293-10, touristinfo@schongau.de
www.wieskirche.de

Wie soll das Volk einen Eindruck von den Leiden Jesu Christi bei der Karfreitagsprozession bekommen, wenn es ihn nicht bildlich vor Augen hat? Um seine Prozession möglichst anschaulich und lebendig zu gestalten, ließ der Abt des Prämonstratenserklosters Steingaden 1730 von einigen Laienbrüdern und dem Pfarrer Lukas Schaiger eine Heilandfigur erstellen, die sein Leiden verdeutlichen sollte. Da es nicht viel Geld kosten durfte und die Brüder nun einmal keine Kunsthandwerker waren, bastelten sie aus ausgedienten Holzfiguren eine neue Christusfigur, diese überzogen sie mit Leinwand und bemalten sie entsprechend. Für das Kopfhaar und den Bart musste wohl ein Bruder herhalten, denn beides ist echt. Noch ein paar Ketten um Hände und Füße geschlungen, die an einer Martersäule befestigt wurden, und fertig war das fortan „Der Gegeißelte Heiland“ genannte Bildnis: durchaus real in seinem menschlichen Ausdruck wahrer Leidensfähigkeit und mit überzeugenden Wundmalen am Körper. Doch irgendwie sagte diese Figur den Gläubigen nicht zu, sprach sie nicht an und deshalb verschwand sie schon 1735 wieder aus der Prozession und landete als Geschenk auf dem Dachboden eines Steingadener Gastwirts.

Ein Geschenk mit Folgen

Eine Verwandte dieses Gastwirts, die Bäuerin Maria Lory, erbat sich 1738 die Heilandfigur für ihre private, persönliche Andacht auf ihrem Hof. Dieser Einschichthof auf der Wies lag etwas abseits von Steingaden auf freiem Feld, wo Maria Lory nun vor dem Heiland ihre Gebete verrichtete. Und hier nun geschah etwas Bemerkenswertes, ein Wunder für die Menschen von Steingaden: Am 14. Juni 1738 sah die fromme Wiesbäuerin plötzlich Tränen auf dem Gesicht des Heilands. Sie berichtete den Vorfall den Verantwortlichen im Kloster, die um Zurückhaltung baten, nicht gleich von einem Wunder zu sprechen. Doch die Kunde von dem Vorfall verbreitete sich in Windeseile, alle wollten nun die Tränen des Gegeißelten Heilands sehen.

Die erste Wieskapelle

Wegen des großen Andrangs baute das Ehepaar Lory auf seinem Grund und Boden eine erste Feldkapelle, die 1740 fertiggestellt war. Sie steht noch heute am Parkplatz zur Wieskirche. Zwischen 1744 und 1746 kamen jedoch schon so viele Pilger auf die Wies, dass die Kapelle – obwohl bereits mit einem

Holzanbau versehen – der Massen nicht mehr Herr wurde. Jetzt entschloss sich der Abt des Klosters Steingaden, Marianus Mayer, zum Bau einer großen, repräsentativen Wallfahrtskirche auf der Wies, etwas oberhalb der schon bestehenden Kapelle. Am 10. Juli 1746 erfolgte die Grundsteinlegung. Zur gleichen Zeit etwa erfolgte die Anerkennung der Wallfahrt zum Gegeißelten Heiland durch den Augsburger Bischof. Das Wunder seiner Tränen wurde jedoch nie offiziell bestätigt.

Die schönste Rokokokirche Süddeutschlands

Mit dem Bau der Kirche wurde der aus Wessobrunn stammende Dominikus Zimmermann beauftragt, für den die Wieskirche der Höhepunkt und die Vollendung seines Lebenswerks bedeutete. Von außen eher schlicht, entfaltet die Kirche innen eine Licht- und Raumwirkung, wie sie dem Rokoko eigen ist. Hier geht höchstes Kunsthandwerk (Stuckaturen, Fresken, mit Marmoroptik bemalte Säulen, Blattgoldverzierungen, Schnitzereien) von den besten zeitgenössischen Künstlern, das Leichtigkeit und Schönheit in Vollkommenheit zeigt, eine Verbindung mit tiefer Religiosität ein. Beides rührt den Betrachter tief an: Sowohl durch den künstlerischen Eindruck als auch durch die spürbare Transzendenz der hier verkündeten Heilsbotschaft bleibt einem sprichwörtlich der Atem weg. 1754 wurde die Wieskirche fertiggestellt. Schon einige Jahre vorher, am 31. August 1749, fand der Gegeißelte Heiland seinen Platz auf dem Altar im gerade fertiggestellten Chor. Seit 1983 gehört die Wieskirche zum UNESCO-Weltkulturerbe.

Der Wiesheiland, mit einfachen Mitteln und ohne künstlerischen Anspruch gefertigt, soll den Gläubigen das Leiden des Herrn plastisch vor Augen zu führen.

Steingaden

Alle Wege führen zur Wieskirche

Die Kunde von der Schönheit der neuen Wieskirche und gleichzeitig die Kunde von den vielen Wundern, die sich hier zugetragen haben sollen, machten Steingaden schnell zu einem Anziehungspunkt für Wallfahrer weit über die Region hinaus. In seinem Wallfahrtsbuch „Wahrer Ursprung und Fortgang der Wallfahrt des Gegeißelten Heilands auf der Wies“ aus dem Jahr 1779 schreibt Pater Benno Schröfl, Wallfahrtspriester der Wieskirche, über den Strom der Pilger aus aller Herren Länder: „Was soll ich noch mehr von diesem Gnadenfluss melden, da selber jetzt schon ganz Europa durchströmet, wenn sogar von Petersburg in Russland, von Gotenburg in Schweden, von Amsterdam in Holland, von Kopenhagen in Dänemark, von Christianenburg in Norwegen, von Nîmes in Frankreich, von Cádiz in Spanien Wallfahrer da gewesen? Was soll ich alle deutschen Provinzen und andere angrenzende Königreich hersetzen?“

Zum Abriss freigegeben

Dieses Kleinod an Schönheit sollte im Zuge der Säkularisation tatsächlich abgerissen werden. Der Höchstbietende hätte die Wieskirche kaufen und ausschlachten können. Diesem Schicksal entging „Europas schönste Rokokokirche“ nur durch massiven Protest der Bevölkerung und der ehemaligen Brüder des ebenfalls aufgelösten Prämonstratenserklosters. Ein Geschäft auf Gegenseitigkeit kam mit der Landesregierung zustande. In

oben: Kuppel in der Wieskirche
rechts: Das unscheinbare Äußere der Wieskirche steigert noch den überwältigenden Eindruck beim Eintreten.

Kurzpilgerwege

Wenn Gläubige nicht den ganzen Weg aus ihrer Heimat zu Fuß zur Wies pilgern wollen, gibt es die Möglichkeit, wenigstens auf einer letzten kleinen Etappe eine Fußwallfahrt zum Gegeißelten Heiland zu unternehmen. Auf einigen Parkplätzen rund um Steingaden und die Wallfahrtskirche beginnen ausgeschilderte Wallfahrtswege, die zwischen 20 Minuten und zweieinhalb Stunden dauern.

Ilgen-Schwarzenbach-Wieskirche	10 km
Steingaden-Hibler-Brettlesweg-Wieskirche	4,5 km
Steingaden-Hibler über Teerstraße-Wieskirche	5 km
Steingaden-Litzau-Wieskirche	4,5 km
Kath. Landvolkshochschule-Wieskirche	1,5 km
Wildsteig-Holz-Wieskirche	4 km

der Kirche durften weiterhin freie Gottesdienste abgehalten werden, wenn durch die Opfergaben und Spendengelder der Unterhalt gedeckt würde.

Heute kommen jährlich rund 1 Million Wallfahrer, Besucher und Kunstinteressierte in die Wieskirche, die seit einer umfassenden Restaurierung in den 1980er Jahren wieder im alten Glanz des Rokoko erstrahlt.

Der Hochaltar mit dem Gegeißelten Heiland in der Mitte

Bereits mehr tot als lebendig, fand im Jahr 1466 eine Unbekannte Trost im innigen Gebet zu Gott. Im Traum sah sie einen Ort im nahen Erlenwäldchen. Dort würde sie eine Marienstatue vorfinden; diese solle sie vertrauensvoll um Hilfe bitten. Die Frau ohne Namen aus der Legende, von schwerer Krankheit gezeichnet, fand die Statue tatsächlich rund zwei Kilometer entfernt von Ottobeuren im Wald von Eldern. Und das Wunder geschah: Ihr inniges Gebet wurde erhört, und sie konnte mit wiederhergestellter Gesundheit nach Hause gehen.

Die Madonna im Erlenwald

Die wunderbare Heilkraft der unbekannten Madonna zog viele Gläubige aus der Region an, die hier ebenfalls um Hilfe baten. Natürlich gab es auch einige, die sich über diesen vermeintlichen Unfug lustig machten, wie der „große Schuster", der sogar noch einen Pfeil auf das Gnadenbild abschoss, um zu sehen, was passierte. Als er daraufhin tot umfiel, stand endgültig fest: Die Marienstatue kann Wunder wirken. Der Bauer Jodok Mayer baute der Gottesmutter zu Ehren eine erste kleine Betkapelle um diese Madonna herum. Sein Verdienst schlug sich dann in seinem Beinamen der „Kapeller" nieder, den die Familie von da an trug.

Aufstieg der Wallfahrt

Die Menge der Gläubigen, die die kleine Holzkapelle besuchten, muss rasant angestiegen sein, denn schon 1487 wurde auf Initiative des Abtes Nikolaus Röslin des nahen Klosters Ottobeuren eine neue Kirche gebaut und geweiht. In den Jahren 1492, 1499 und 1500 war die Wallfahrt zur „wundertätigen Jungfrau Maria in Eldern" sogar mit mehreren Ablässen verbunden.

Zur Betreuung der vielen Pilger ließ Abt Matthäus Ackermann 1506 eine Kaplanstelle in Eldern einrichten, die Bischof Heinrich IV. von Lichtenau im gleichen Jahr bestätigte. Der Kaplan hatte die Aufgabe, dem „Trost der häufigen Wallfahrer und zur Vermehrung des Marianischen Gottesdienstes an diesem Ort" zu dienen. 1696 kam es zur nächsten Erweiterung: Das Benediktinerkloster Ottobeuren gründete in Eldern ein von ihm abhängiges kleines Wallfahrtskloster. In diesen Jahren kamen solche Mengen von Pilgern nach Eldern, dass die kleine mittelalterliche, baufällige Wallfahrtskirche einer Erneuerung und natürlich Vergrößerung unterzogen wurde. Der Grundstein dafür wurde 1702 gelegt, 1710 konnte die Kirche schon geweiht werden.

Info

Name: Wallfahrt zu Unserer Liebsten Frau von Eldern
Ort: Basilika zur Heiligen Dreifaltigkeit, Sankt Alexander und Sankt Theodor, Ottobeuren
Hochtage: Pfingstmontag, ganzjährig

Katholisches Pfarramt Sankt Alexander und Theodor
Sebastian-Kneipp-Straße 1, D-87724 Ottobeuren
Tel. 08332/798-100, Fax 08332/798-110
pfarrer@pfarrei-ottobeuren.de
www.pfarrei-ottobeuren.de

Das Ende von Eldern

Mit der Säkularisation 1803 endete nicht nur die Wallfahrt, sondern Eldern ereilte das gleiche Schicksal wie Cluny und viele andere historisch wichtige Orte. Im Dezember des Jahres wurde die Kirche geschlossen, der Besitz beschlagnahmt. Im April 1806 wurde der gesamte Komplex versteigert und bis auf die Grundmauern abgerissen. Selbst die Funda-

In der Klosterkirche von Ottobeuren befindet sich das großartige Deckenfresko „Das Martyrium der heiligen Felicitas und ihrer sieben Söhne“ von J. Zeiller (1763). Diese Märtyrer werden vor allem in der Abtei von Münsterschwarzach (ebenfalls Benediktiner) verehrt. An den Stuckarbeiten war auch Johann Michael Feuchtmayer beteiligt.

mente wurden ausgegraben, sodass auch eine Rekonstruktion nicht mehr möglich war. Der Altar wurde gerettet, weil Pfarrer Stephan Riegg aus Böhen, einer etwa zehn Kilometer entfernten Nachbargemeinde, diesen für sein Gotteshaus ersteigerte. Dort befindet er sich übrigens noch heute. Auch das Gnadenbild wurde rechtzeitig von Ottobeurener Mönchen in Sicherheit gebracht und kam so ins bischöfliche Vikariat nach Augsburg.

Die Klosterkirche von Ottobeuren. Das Klostergebäude schließt sich dahinter an. Ottobeuren wird bisweilen der „schwäbische Escorial" genannt.

Das Kloster Ottobeuren

1834 wurde das Benediktinerkloster Ottobeuren von König Ludwig I. von Bayern als Priorat seiner Augsburger Abtei Sankt Stephan neu gegründet. Abt Barnabas Huber bemühte sich, die Madonna wieder an ihren Ursprungsort zurückzuführen. 1841 wurde sie feierlich in die Klosterkirche der Abtei überführt. Dort ist sie in einer Nische des Alexanderaltars zu sehen. Aufgrund der Verehrung „Unserer Liebsten Frau von Eldern" erhob Papst Pius XI. 1926 diese Kirche zur *Basilica minor*.

Eine neue Wallfahrtskapelle

Im Mai 1932 wurde eine neue kleine Wallfahrtskapelle in Eldern geweiht und 1987 erweitert. Das Gnadenbild blieb jedoch in Ottobeuren und wird einmal im Jahr, am Pfingstmontag, in feierlicher Prozession nach Eldern getragen.

Seit 2004 existiert ein rund 280 Kilometer langer Pilgerweg zwischen Metten bzw. Passau in Bayern und dem bekannten Wallfahrtsort Sankt Wolfgang in Österreich: die Via Nova, „der neue Weg“, dessen Ziel es ist, eine spirituelle Route ins 21. Jahrhundert darzustellen.

Der Pilgerweg führt an alten Wallfahrtsorten wie Passau, Sammarei, Kößlarn und Kirchdorf vorbei, macht Station bei Klöstern wie Fürstenzell, Michaelbeuren und Mondsee und streift Orte, an denen sich Wunder zugetragen haben, wie in Oberwang. Darüber hinaus berührt er Geist und Seele durch die wunderschönen Landschaften Niederbayerns und des Salzkammerguts.

Die Strecke hat sehr unterschiedliche Abschnitte und ist sowohl für Wanderer als auch für Radfahrer geeignet. Die eigene Internetseite bietet für beide Optionen eine Wegberechnung mit dem günstigsten Streckenverlauf.

Info

Name: Via Nova – Europäischer Pilgerweg
Ort: von Metten bzw. Passau nach Sankt Wolfgang
Verein Europäischer Pilgerweg, Via Nova
Seeburgstraße 8, A-5201 Seekirchen
Tel. +43 (0) 6212/6868, Fax +43 (0) 6212/6868-8
info@pilgerweg-vianova.eu
www.pilgerweg-vianova.eu
oder
Katholische Landvolkshochschule Sankt Gunther
Hengersbergerstraße 10, D-94557 Niederalteich
Tel. 09901/9352-0, Fax 09901/9352-19
www.lvhs-niederalteich.de

Ein Blick in die Klosterbibliothek von Metten

Zwei alternative, untereinander verbundene Wege, vereinigen sich am Ende, kurz vor Sankt Wolfgang, wieder. Je nach Vorliebe kann der Pilger länger auf der bayrischen Seite wandern oder bereits früher auf die österreichische wechseln.

Pilgerbegleiter/innen vom Verein Europäischer Pilgerweg bieten eine Wegbegleitung zu verschiedenen Themen an, von Partnerschaft über Lebens- und Sinnsuche bis hin zu Wildkräuter.

Info

Name: Wallfahrt zu Maria Trost, zu den Heiligen Valentin und Maximilian
Ort: Dom Sankt Stephan, Passau
Pilgerzeiten: ganzjährig; Hochtag des heiligen Valentin von Rätien ist der 7. Januar, der des heiligen Maximilian von Pongau der 12. Oktober

Dompfarramt, Domplatz 9, D-94032 Passau
Tel. 0851/393-241, Fax 0851/393-870
dompfarramt@bistum-passau.de

Die Ausgangspunkte des Pilgerweges:

Metten ...

Seit mehr als 1200 Jahren wird Metten durch das Benediktinerkloster gleichen Namens geprägt. Gegründet wurde es in der Mitte des 8. Jahrhunderts durch den Priester Gamelbert. Erster Abt der Neugründung war Gamelberts Patenkind Utto, das bis dahin in einer Einsiedelei in der Nähe (heute Uttobrunn) gelebt hatte. 766 kamen zwölf Mönche von der Reichenau und besiedelten das neue Kloster. Die Klostergemeinschaft überlebte verschiedene Herrschergeschlechter (Tassilo von Bayern, Karolinger, Staufer, Babenberger), bis es 1803 aufgehoben wurde. 1830 kam es zu einem Neuanfang. Heute ist

Die Orgel im Dom Sankt Stephan in Passau gilt mit 232 Registern als die größte Kirchenorgel der Welt.

das Mettener Kloster besonders für seine Bibliothek bekannt.

... oder Passau

Die Stadt an der Donau ist ein seit dem Mittelalter weithin bekannter Wallfahrtsort. Im Dom Sankt Stephan werden mehrere Gnadenbilder und Heiligenreliquien verehrt, und in der Klosterkirche der Pauliner auf dem Mariahilfberg zieht ein Mariengnadenbild die Pilger an.

Der Dom Sankt Stephan

764 brachte Bayernherzog Tassilo III. die Gebeine des heiligen Valentin nach Passau in den Dom. Seitdem ist Valentin auch Patron der Diözese. Die Wallfahrt zu ihm ist eine der ältesten in Passau. Er wird vor allem bei Kopfschmerzen und epileptischen Anfällen um Hilfe gebeten. Über seine Herkunft oder sein Leben ist nicht viel bekannt. Valentin

war als Wanderbischof in Rätien (Provinz zwischen Bodensee und Inn) tätig und starb 475 in der Nähe von Meran.

Bischof Pilgrim bereicherte den Dom 985 mit einem weiteren Reliquienschatz, den Gebeinen des heiligen Maximilian von Pongau, der im 3. Jahrhundert gelebt hatte und Bischof von Lorch (Enns in Ober-

Etappen

Von	nach	km	km gesamt
Erster Weg (Bayern – Österreich)			
Metten	Deggendorf	7,5	
Deggendorf	Niederalteich	12,0	19,5
Niederalteich	Künzing	18,8	38,3
Künzing	Vilshofen	10	48,3
Vilshofen	Aldersbach	10,3	58,6
Aldersbach	Ortenburg	14,5	73,1
Ortenburg	Haarbach	12,2	85,3
Haarbach	Bad Griesbach	14,4	99,7
Bad Griesbach	Rotthalmünster		
Rotthalmünster	Kößlarn	11,8	111,5
(Alternativweg von Rotthalmünster über Aigen/ Bad Füssing nach Ering)			
Kößlarn	Ering	15,5	127,0
Ering	Mining	3,5	130,5
Mining	St. Peter/Hart	7,5	138,0
St. Peter/Hart	Braunau	6,2	144,2
Braunau	Überackern	19,1	163,3
Überackern	Hochburg-Ach	5,7	169,0
Hochburg-Ach	St. Radegund	10,1	179,1
St. Radegund	Tarsdorf		
Tarsdorf	Ostermiething	8,6	187,7
Ostermiething	Haigermoos	6,5	194,2
Haigermoos	Franking	4,0	198,2
Franking	Eggelsberg	7,2	205,4
Eggelsberg	Moosdorf	3,5	208,9
Moosdorf	Dorfbeuren/ Michaelbeuren	4,9	213,8
Dorfbeuren/M.	Berndorf	5,5	219,3
Berndorf	Seeham	4,9	224,2
Seeham	Obertrum	5,3	229,5
Obertrum	Seekirchen	7,7	237,2
Seekirchen	Henndorf	5,4	242,6

links: Der Passauer Stephansdom

Etappen

Von	nach	km	km gesamt
Zweiter Weg (Österreich)			
Passau	Schardenberg	0	
Schardenberg	Wernstein	5,6	5,6
Wernstein	Brunnenthal	5,8	11,4
Brunnenthal	Schärding	3,4	14,8
Schärding	St. Florian/Inn	2,2	17,0
St. Florian/Inn	Suben	3,8	20,8
Suben	St. Marienkirchen	3,8	24,6
St. Marienkirchen	Antiesenhofen	9,1	33,7
Antiesenhofen	Reichersberg	4,2	37,9
Reichersberg	Obernberg	3,0	40,9
Obernberg	Kirchdorf	5,1	46,0
Kirchdorf	Geinberg	4,3	50,3
Geinberg	Polling	6,7	57,0
Polling	St. Veit	3,1	60,1
St. Veit	Aspach	5,1	65,2
Aspach	Höhnhart		
Höhnhart	Maria Schmolln	5,9	71,1
(Alternativweg von St. Veit über Rossbach und Treubach nach Maria Schmolln)			
Maria Schmolln	Munderfing	13,3	84,4
Munderfing	Friedburg/Lengau	9,1	93,5
Friedburg/L.	Lochen	8,6	102,1
Lochen	Mattsee	8,6	110,7
Mattsee	Schleedorf	5,7	116,4
Schleedorf	Köstendorf	5,4	122,8
Köstendorf	Neumarkt	3,7	125,5
Neumarkt	Straßenwalchen		
Straßenwalchen	Oberhofen		
Oberhofen	Zell am Moos	5,8	131,3
Zell am Moos	Tiefgraben		
Tiefgraben	Mondsee	6,5	137,8
Mondsee	St. Lorenz		
St. Lorenz	St. Gilgen		
St. Gilgen	St. Wolfgang	20,3	158,1

Querverbindungen

1. Querverbindung	
Passau–Fürstenzell–Ortenburg	
2. Querverbindung	
Mining–Mühlheim–Kirchdorf	14,2
3. Querverbindung	
Berndorf–Perwang–Mattsee	17,0
4. Querverbindung	
Henndorf–Neumarkt	6,0
oder	
Henndorf–Mondsee	17,4

österreich) gewesen war. Er war der Sohn reicher Eltern, verschenkte aber sein Erbe und pilgerte nach Rom. Dort beauftragte ihn Papst Sixtus II. (257–258) mit der Mission im Norikum (zwischen Passau und Wien). Als Bischof in Lorch erleidet Maximilian 283/84 den Märtyrertod durch Enthauptung.

Beide Heilige wurden ab 985 zusammen verehrt und ihre Reliquien gemeinsam bei Prozessionen oder Ausstellungen dem Volk gezeigt.

Bei einem Brand 1662 wurde nicht nur der Dom zum großen Teil zerstört, sondern auch die Reliquien wurden fast vollständig vernichtet. Die Überreste werden heute in einem barocken Schrein aufbewahrt. Überlebensgroße Statuen der beiden Heiligen zieren rechts und links den Hochaltar.

Mit dem Wiederaufbau (1668–1693) nach dem Brand gelangte 1678 auch ein Marienbild in den Dom. Es zeigt die Muttergottes mit dem Jesuskind auf dem Arm. Der Maler Georg Urtlmayer hatte eine Kopie des Gemäldes „Maria mit der Kirsche" oder auch „Maria Trost" von Lucas Cranach d. Ä. angefertigt, das als verschollen gilt. Das Besondere: Das Jesuskind hält nicht wie üblich einen Apfel oder eine Traube in der Hand, sondern eben eine Kirsche.

Architektonisch gilt der Passauer Dom als eine der bedeutendsten barocken Kuppelkirchen nach italienischem Vorbild in Deutschland. Er beherbergt die größte Kirchenorgel der Welt.

Info

Name: Wallfahrt zu Mariahilf
Ort: Wallfahrts- und Klosterkirche Mariahilf, Passau
Pilgerzeiten: von Mai bis September, Oktav vor dem Patrozinium am 2. Juli, Lichterprozession am 12. September zu Mariä Namen

Paulinerkloster Mariahilf, Mariahilfberg 3
D-94032 Passau, Tel. 0851/2356, Fax 0851/36998
wallfahrt@mariahilf-passau.de

Das Paulinerkloster Mariahilf

Die Wallfahrtskirche liegt auf einem Berg in der Altstadt und ist über die berühmte überdachte Heilige Stiege oder Wallfahrtsstiege von der unteren Altstadt am Donauufer aus zu erreichen. Das hier verehrte Marienbild geht ebenfalls auf ein Original von Lucas Cranach d. Ä. zurück, das heute in Innsbruck in der Pfarrkirche Sankt Jakob über dem Hochaltar hängt. Es zeigt die Muttergottes als bürgerlich gewandete Frau, die ihr unbekleidetes Kind auf dem Arm hält und liebkost. 1611 ließ der Domdekan Freiherr Marquard von Schwendi eine vergrößerte Kopie anfertigen, nachdem er mehrere Visionen von einem Engelreigen auf dem Schulerberg, dem heutigen Mariahilfberg, gehabt hatte. 1622 errichtete er dort eine kleine Holzkapelle für das Marienbild. Der Andrang der Gläubigen und Pilger war jedoch so groß, dass sie 1627 durch eine Steinkirche ersetzt wurde. Seit dem Dreißigjährigen Krieg fanden Wallfahrten zu Mariahilf statt.

Während der Türkenkriege, als die Türken kurz vor Wien standen, kam Kaiser Leopold mit seinem Hof nach Passau, um dort zu beten. Die Schlacht am Kahlenberg am 12. September 1683 wurde mit dem Ruf „Maria hilf!" gewonnen. Als Dank dafür nahm Papst Innozenz XI. (1676–1689) das Fest Mariä Namen (12. September) in den liturgischen Kalender auf.

Von Metten nach Mining

Bis Mining führt die Via Nova auf deutscher Seite durch eine der schönsten bayrischen Natur- und Kulturlandschaften, die von Landwirtschaft und Religiosität geprägt ist. Hier findet sich eine Vielzahl kleiner Kirchen, berühmter Klöster, regionaler Wallfahrtsorte und anderer Sehenswürdigkeiten.

unten: Die Altstadt von Deggendorf, rechts: Sammarei

Info

Name: Wallfahrt zur Sammarei
Ort: Wallfahrtskirche Mariä Himmelfahrt, Rainding
Hochtage: ganzjährig; zu den Marienfesten finden Wallfahrtsgottesdienste und Prozessionen statt.

Pfarramt Sammarei, Sammarei 44
D-94496 Ortenburg, Tel. 08542/653
Fax 08542/919415, wallf-sammarei@vilstal.net
www.sammarei.de

In Niederalteich lohnen die Benediktinerabtei und das Ursulinenkloster einen Besuch, ebenso sollte man die Benediktinerabtei Schweiklberg sowie die Wallfahrtskirche Mariahilf in Vilshofen gesehen haben.

Die Wallfahrtskirche Mariä Himmelfahrt, genannt Sammarei, in der Nähe von Ortenburg ist über die Region hinaus bekannt. Betreut wurde sie bis 1803 von den Zisterziensern in Aldersbach, deren Klosteranlage noch heute zu besichtigen ist.

Die Sammarei

Der Name ist eine volkstümliche Verballhornung von Sancta Maria. Ein in der Nähe des Heiligtums gelegener Bauernhof wird urkundlich erwähnt als *ad sanctam mariam* gelegen, was auf eine Marienkapelle hinweist. Aus dem lateinischen Namen wurde bei den einheimischen Gläubigen kurzerhand Sammarei.

Der Beginn der Wallfahrt geht auf einen Brand im Jahr 1619 zurück, dem zwar umstehende Gebäude zum Opfer fielen, nicht jedoch die 1521 errichtete kleine Holzkapelle, obwohl brennende Äste auf sie fielen. Sie zeigte der Legende nach auch am nächsten Tag keine Brandspuren.

Nach dieser wunderbaren Rettung der Kapelle trugen sich weitere seltsame Ereignisse zu. So soll einem Bauern, der die wundersame Errettung der kleinen Kirche vor den Flammen anzweifelte, der Mund für den Rest seines Lebens schief geblieben sein. Außerdem soll ein Quittenbaum, der direkt neben der Kapelle stand und verbrannt war, nach einem Jahr wieder Früchte getragen haben. Einige Früchte schickten die Bauern der Bayernherzogin Elisabeth, Gemahlin von Maximilian I., die behauptete, noch nie so hervorragende Quitten gegessen zu haben. Sie erwirkte daraufhin von ihrem Mann die Erlaubnis, an diesem von Gottes Gnade auserwählten Platz eine Kirche bauen zu dürfen. 1702 fand dieses Wunder Erwähnung in dem Wallfahrtsbüchlein „Wohlriechender Marianischer Quittenapfel".

1631 war die neue Wallfahrtskirche vollendet, und sie weist gegenüber allen anderen Wallfahrtskirchen eine Besonderheit auf. Die alte Kapelle wurde weder abgerissen noch wurde die Kirche neben sie gebaut: Die Kirche wurde um und über die alte Holzkapelle gebaut, die heute noch wie vor Hunderten von Jahren hinter dem Hochaltar in der Apsis

steht. Wie in Altötting ist sie innen und außen fast vollständig mit Votivtafeln bedeckt. Das Dach und die Tür der Kapelle sind immer wieder ausbesserungsbedürftig, weil sich die Gläubigen ein Stück Holz abspalten, das angeblich gut gegen Zahnschmerzen hilft.

Verehrt werden sowohl eine 1640 entstandene Pietà aus Holz als auch ein neueres Gnadenbild aus dem 18. Jahrhundert. Es ist die Kopie eines Gemäldes von Hans Holbein d. Ä., das sich in der Maurerkapelle in München-Straubing befindet. Dargestellt ist ein Madonnentypus, wie ihn Lucas Cranach d. Ä. vorgegeben hat (Mariahilf in Passau).

Die Klosterkirche von Michaelbeuren (man findet auch die Schreibweise Michaelbeuern). Das Kloster ist außerdem Träger einer Hauptschule und unterhält ein Exerzitienhaus.

Info

Name: Wallfahrt zum heiligen Leonhard
Ort: Sankt Leonhard, Aigen
Hochtage: 6. November und der 1. Sonntag im November; ganzjährig

Katholisches Pfarramt Sankt Stephanus
Herrenstraße 12, D-94072 Bad Füssing-Aigen
Tel. 08537/278

Kößlarn

Ebenfalls ein alter Wallfahrtsort, der von den Zisterziensern in Aldersbach betreut wurde, ist Markt Kößlarn, das im Mittelalter mit Altötting der größte Marienwallfahrtsort Niederbayerns war. 1364 wurde auf einem Bauernhof, dem Kößlhof, eine Marienstatue gefunden, an der sich die ersten Wunder zutrugen. Die Kunde verbreitete sich schnell, sodass schon bald die erste Steinkirche (1400) gebaut werden musste. Bis 1803 blühte die Marienwallfahrt in Kößlarn, kam aber mit der Säkularisation zum Erliegen.

Die Benediktinerabtei Michaelbeuren wurde im 8. Jahrhundert von Herzog Tassilo III. gegründet. Heute wird hier u. a. eine Stiftsbrauerei betrieben.

Aigen/Bad Füssing

Ein Abstecher nach Aigen bei Bad Füssing führt zur Wallfahrtskirche Sankt Leonhard. Der heilige Leonhard ist ebenso wie der heilige Georg oder der heilige Martin Patron der Pferde, des Viehs und der Landwirtschaft. Ihm zu Ehren finden seit Ende des 10. Jahrhunderts, als sein Kult von Frankreich nach Deutschland kam, Umritte um die ihm geweihte Kirche statt, sogenannte Leonhardifahrten oder -ritte. An seinem Jahrestag, dem 6. November, wurden die Pferde, oft das kostbarste Gut eines Bauern, gesegnet.

Der Ursprung der Leonhardiritte in Aigen wird auf ein Ereignis im 12./13. Jahrhundert zurückgeführt, als Bauern eine Holzfigur im Inn schwimmen sahen, die ans Ufer trieb. Dreimal stießen sie die schwärzliche Figur wieder ins Wasser. Jedes Mal trieb sie zurück an Land. Als man erkannte, dass es sich um die Statue des heiligen Leonhard handelte, sah man dies in Zusammenhang mit der Entführung der Tochter des Burgherrn vom nahen Katzenberg – sie war dank eines Gebets an den Heiligen freigekommen (Leonhard gilt auch als Patron der Gefangenen und als „Kettenlöser") – und deutete das Anlanden der Statue als göttliches Zeichen. Zum Dank errichtete man dem Heiligen ein Monument.

Der Burgherr ließ eine erste Kapelle in Aigen bauen, auf deren Altar die angeschwemmte Holzstatue platziert wurde. Anstelle der Kapelle entstanden mehrere Kirchenbauten, die heutige stammt von 1460. Die ursprüngliche Leonhardstatue ist nicht mehr erhalten, stattdessen befindet sich eine um 1450 entstandene Figur am Altar und eine zweite von 1470 an der ersten Säule des Presbyteriums. In der Schatzkammer sind Hunderte Votivgaben aus Eisen gesammelt. Darunter befinden sich auch sechs schwere Eisenfiguren in Menschengestalt. Wenn man sie am Leonharditag anhebt, ist man vor Krankheit im kommenden Jahr geschützt.

Die österreichische Strecke bis Henndorf

Nach einem Besuch der Wallfahrtskirchen Sankt Anna und Sankt Johannes und Paulus in Ering geht es über den Inn und die Grenze nach Österreich in die Gemeinde Mining. Von hier aus führt die Strecke über Braunau und die Wallfahrtskirche Sankt Valentin in Haselbach durch die kleinen Gemeinden des Innkreises.

In Sankt Radegund liegen abseits des Weges eine kleine Heilbrünnl-Kapelle und eine sehenswerte Pestsäule, die an eine der wohl schlimmsten Heimsuchungen des Mittel-

unten: Franz Xaver Gruber (1787–1836) ist der Komponist des bekannten Weihnachtsliedes „Stille Nacht, heilige Nacht". Er lebte und wirkte im 19. Jahrhundert in Berndorf.
rechts: Die Heilige-Nacht-Kapelle im österreichischen Oberndorf. Hier wurde das Lied 1818 zum ersten Mal gesungen. Der Text stammt von Joseph Mohr.

alters gemahnt. In Haigermoos hat der Künstler Georg Felber einen Skulpturenpark gestaltet, und in Michaelbeuren lädt das bekannte Benediktinerkloster zur Einkehr ein.

Mit dem Namen Franz Xaver Gruber und mit Berndorf verbinden die meisten Menschen wenig, wohl aber mit dem Lied „Stille Nacht, heilige Nacht", das in der Weihnachtszeit allerorten erklingt. Gruber, der in den Jahren 1829 bis 1835 in diesem kleinen Ort als Lehrer, Messner und Organist tätig war, schrieb hier dieses weltbekannte Lied.

Ab Berndorf kann sich der Wanderer nun entscheiden, ob er südlich um den Obertrumer See gehen will (über Seeham, Obertrum, Seekirchen und Henndorf) oder lieber nördlich über Perwang vorbei am Grabensee auf die zweite Streckenführung wechseln möchte (siehe kleiner Kasten auf Seite 97).

In Henndorf ist der erste Abschnitt des Weges zu Ende, ein zweiter Abschnitt beginnt – es gibt zwei Alternativen: entweder nach Neumarkt oder direkt zum Mondsee.

Der zweite Weg durch Österreich

Der weitere Weg beginnt im deutschen Passau, führt dann aber schnell nach Schardenberg ins Österreichische. Wer mag, kann freilich von Passau aus über Fürstenzell nach Ortenburg wandern und somit die Führung des ersten Weges weiter verfolgen. Diese Querverbindung ist eine Überlegung wert, trifft man auf ihr doch auf die ehemalige Zisterzienserabtei in Fürstenzell mit der Klosterkirche Mariä Himmelfahrt.

Die Via Nova führt auf österreichischer Seite durch viele bekannte Gemeinden des Innviertels bis und zum Zielort Sankt Wolfgang im Salzkammergut. Bei Kirchdorf, Mattsee oder

Mondsee gibt es jeweils Übergänge von der ersten Wegstrecke zur zweiten.

Von Schardenberg aus

Nur wenige Kilometer von Passau entfernt, direkt am Inn, liegt Schardenberg, ein alter Wallfahrtsort mit der Fatimakapelle in Fronwald und seiner Pfarrkirche, die wegen ihrer Größe liebevoll „Innviertler Dom" genannt wird. Weiter geht der Weg durch das typische Hügelland am Inn mit viel Wald, Feldern und Wiesen, die den Blick auf die im Süden liegenden Alpen freigeben. In Wernstein legt eine barocke Mariensäule Zeugnis von den Glaubenskämpfen im Dreißigjährigen Krieg ab: Kaiser Ferdinand III. erflehte 1646 Marias Hilfe, Wien vor den Schweden zu retten. Aus Dankbarkeit gab er eine Granitsäule in Auftrag, die zunächst in Wien stand. 20 Jahre später wurde sie durch eine Säule aus Bronze ersetzt, das Original kam nach Schloss Wernstein. Auch der weitere Weg ist gesäumt von Orten, die wegen ihrer mittelalterlichen oder barocken Bausubstanz und ihrer zahlreichen Wallfahrtskirchen und Kapellen sehenswert sind, etwa Suben mit dem ehemaligen Kloster, Sankt Marienkirchen mit der ehemaligen Wallfahrtskapelle „Maria am Moos", der heutigen Pfarrkirche Reichersberg mit dem Augustiner-Chorherrenstift oder Obernberg mit der einzigen katholischen Kirche in Österreich mit dem Namen „Zum heiligen Abendmahl".

Kirchdorf

In Kirchdorf sind Marienwallfahrten seit dem 16. Jahrhundert bezeugt. Kaiser Joseph II. schaffte sie zwar ab, doch mit der wunderbaren Heilung von Aloisia Aigner im 19. Jahrhundert lebten sie zeitweise wieder auf. Heute gibt es eine kleine Frauenwallfahrt am Elisabethsonntag.

Zur Erinnerung an Aigner (1863–1918) wurde 1901 die Lourdeskapelle erbaut. Die Bauerntochter Aloisia lag mehrere Jahre lang siech und war von den Ärzten schon aufgegeben worden. Während einer drei Tage dauernden Ohnmacht erfüllte sich im Traum ihr letzter Wunsch: eine Reise nach Lourdes. In diesem Traum begegnete ihr die Muttergottes und heilte sie. Zum Zeichen der Dankbarkeit entstand die kleine Wallfahrtskapelle. Anschließend trugen sich weitere Wunder zu, wie zahlreiche Votivtafeln bezeugen.

Sehenswert ist die Kirchdorfer Pfarrkirche auch wegen der Familiengräber der Burgherren zu Katzenberg, die u.a. die Leonhardikapelle in Aigen erbauen ließen. Wer in Treubach einen Abstecher zur Bründlquelle macht, die seit 1734 von einer Kapelle umgeben ist, kann sich Hilfe bei Augenleiden erhoffen, so sagt es jedenfalls die Legende.

Augustiner-Chorherrenstift in Reichersberg

Maria Schmolln

Der bekannteste Wallfahrtsort des Innviertels ist die Gemeinde Maria Schmolln. Ein Bauer hängte ein Marienbild in Gedenken an seinen verschollenen Sohn an einen Baum, damit Vorübergehende für ihn beten könnten.

Ab 1784 war diese Betstelle so bekannt, dass hier eine erste hölzerne Kapelle errichtet wurde, die 1850 erneuert und zehn Jahre später in eine Steinkirche umgebaut wurde. Nachdem Maria Schmolln 1867 eine eigenständige Gemeinde geworden war und die Pilger durch Franziskaner betreut wurden, blühte die Wallfahrt zusätzlich auf. 1881 fand das originale Marienbild seinen endgültigen Standort in einer extra an die Kirche angebauten Gnadenkapelle. Im Boden weist eine Glasplatte auf den Standort hin, an dem einst der Baum mit dem Marienbild stand.

Unterwegs

Das Innviertel ist ein sehr altes Siedlungsgebiet, entsprechend ist nahezu jeder Ort mit seiner Pfarrkirche, seinen alten Gehöften, Kapellen, Gedenksteinen und Burgen sehenswert. Die Kirchen sind sämtlich mittelalterlichen Ursprungs und haben später meist eine üppige Barockausstattung bekommen.

Am Mondsee

Im Salzkammergut befindet sich eines der berühmtesten bayrischen/österreichischen Klöster: die ehemalige Benediktinerabtei Mondsee. Um 800 entstanden hier so berühmte Werke wie der „Tassilopsalter“, das älteste Buch Österreichs, und der „Mondseer Matthäus“, der älteste althochdeutsche

Bibeltext. Im Kloster Mondsee weilte 976 der heilige Wolfgang, bevor er seine Kirche am Abersee (so hieß der Wolfgangsee seinerzeit) gründete. Der Ort ist nach ihm benannt: Sankt Wolfgang. Kriege, Brände, wechselnde Landeshoheiten und Besitzverhältnisse konnten die Klostergemeinschaft nicht zerstören, wohl aber die Aufhebung des Klosters 1791 durch Kaiser Leopold II. 1810 wurde es dem bayrischen Feldmarschall und späteren Fürsten Carl Philipp von Wrede geschenkt, der das Klostergebäude in ein Schloss umwandelte. Auf Carl Philipp geht der berühmte „Mondseer Käse" zurück. Bis 1905 blieb das Anwesen in Familienbesitz, dann fiel es an die portugiesische Erblinie der Grafen von Almeida, die es 1985 verkauften.

links: Das idyllisch gelegene Obernberg, rechts: Der Hauptaltar der Stiftskirche von Mondsee. Das Innere der Kirche wurde von Meinrad Guggenbichler gestaltet.

Heute ist das Kloster ein Schlosshotel, das zwar den alten Gebäudebestand bewahrt hat, aber es ist eben nicht mehr für die Öffentlichkeit zugänglich. Zu besichtigen ist lediglich die ehemalige Stiftskirche aus dem 16. Jahrhundert mit ihren vielen bemerkenswerten Kunstschätzen aus dieser Epoche.

Die letzten Etappen

In der Konradikirche von Oberwang wird ein Brett aufbewahrt, auf dem der heilige Konrad II. von Bosinlohter, Abt des Klosters Mondsee, einst aufgebahrt lag. Die Legende erzählt, dass der Abt, der seit 1142 im Amt war, sich stark für die Rückerstattung der ehemaligen Besitzungen des Klosters einsetzte und sich dabei viele Feinde machte.

1145 mündeten die Zwistigkeiten in die Ermordung Konrads durch die Pfullinger. Am 15. Januar 1145 wurde er auf einem

Brett aufgebahrt und mit diesem verbrannt. Wundersamerweise blieben sowohl Brett als auch Leichnam unversehrt. Eine andere Legende erzählt von dem Wiederauftauchen der Leiche: Diese war von Konrads Mördern verscharrt worden, aber eine plötzlich hervorsprudelnde Quelle spülte sie wieder an die Oberfläche. An dieser Stelle befindet sich heute der Konradbrunnen. 1679 sprach Papst Innozenz XI. den vom Volk schon lange verehrten Abt Konrad selig.

Sankt Gilgen

In Sankt Gilgen ist zwar kein Besuch von Wolfgang Amadeus Mozart belegt, aber trotzdem steht der Ort ganz im Zeichen der Familie. Mozarts Mutter Anna Maria Walburga Pertl wurde hier am 25. Dezember 1720 geboren, und seine Schwester Nannerl heiratete in Sankt Gilgen den Gemeindepfleger Franz Anton Berchthold von Sonnenburg.

Dieser ließ die Pfarrkirche des Ortes zwischen 1767 und 1769 im Stil des Barock umgestalten.

Am Ziel – Sankt Wolfgang

Auch wenn Pilger und Gläubige es vielleicht nicht gern hören, ein Begriff ist Sankt Wolfgang heute durch die 1930 in Berlin uraufgeführte Operette „Im weißen Rössl am Wolfgangsee“ und durch den Tourismus. Dass der ehemalige Abersee sowie der Ort ihre Namen dem heiligen Wolfgang verdanken, dass hier durch Jahrhunderte eine Infrastruktur durch die Pilger gewachsen ist und dass auch Pilger irgendwie Touristen sind, ist beinahe schon vergessen.

Sankt Gilgen am Wolfgangsee

Der heilige Wolfgang

829 erhielt das Kloster Mondsee das spätere Sankt-Wolfgang-Land als Geschenk. Es sollte eine der wichtigsten Schenkungen für das Kloster werden. Zur Zeit, als das Kloster dem Bischof von Regensburg unterstellt war (831 bis um 1142), verlor es seine Eigenständigkeit. Aber genau aus diesem Grunde weilte im Jahr 976 der heilige Wolfgang hier. Er war damals Bischof von Regensburg und hatte dort eine folgenschwere Auseinandersetzung. Bayernherzog Heinrich der Zänker, dessen Kinder Wolfgang erzog (den späteren Heinrich II. den Heiligen, den zukünftigen Bischof Bruno von Merseburg, die selige Gisela von Ungarn und die selige Brigida), empörte sich gegen Kaiser Otto II. Wolfgang stand jedoch auf der Seite des Kaisers statt auf der seines Landesherrn und wich deshalb nach Mondsee aus. Er starb am 31. Oktober 994 auf einer Reise nach Pupping. Sein

Leichnam wurde nach Regensburg überführt und in der Krypta von Sankt Emmeran beigesetzt. Als sich an seinem Grab mehrere wundersame Heilungen zutrugen (Wolfgang gilt als Helfer bei Augenkrankheiten, Blutfluss, Gicht, Kreuzschmerzen und Lähmungen sowie als Patron der Hirten, Holzhauer, Schiffer und Zimmerleute), sprach ihn Papst Leo IX. 1052 heilig.

Die Gründung von Sankt Wolfgang

Gemäß einer der Legenden, wie es zur ersten Kirche in Sankt Wolfgang kam, lebte der heilige Wolfgang nach seinem Aufenthalt in Mondsee eine Weile als Einsiedler in der Wildnis bei Falkenstein, einer Gegend zwischen Sankt Gilgen und Sankt Wolfgang, rodete den Wald, baute eine Kapelle und ließ alsdann eine (heilkräftige) Quelle entspringen, um seine Helfer bei der Arbeit zu laben. Doch trieb der Teufel an diesem Ort sein Unwesen und plagte Wolfgang sehr, der daraufhin beschloss, einen anderen Ort aufzusuchen. Diesen bestimmte er dadurch, dass er seine Axt weit von sich schleuderte. Nach drei Tagen fand er sie an dem Platz der heutigen Wallfahrtskirche Sankt Wolfgang wieder und baute dort eine erste Kapelle und seine Klause.

Die Wallfahrt

Eine Kirche ist seit 1183 urkundlich erwähnt, und rund 100 Jahre später sind die ers-

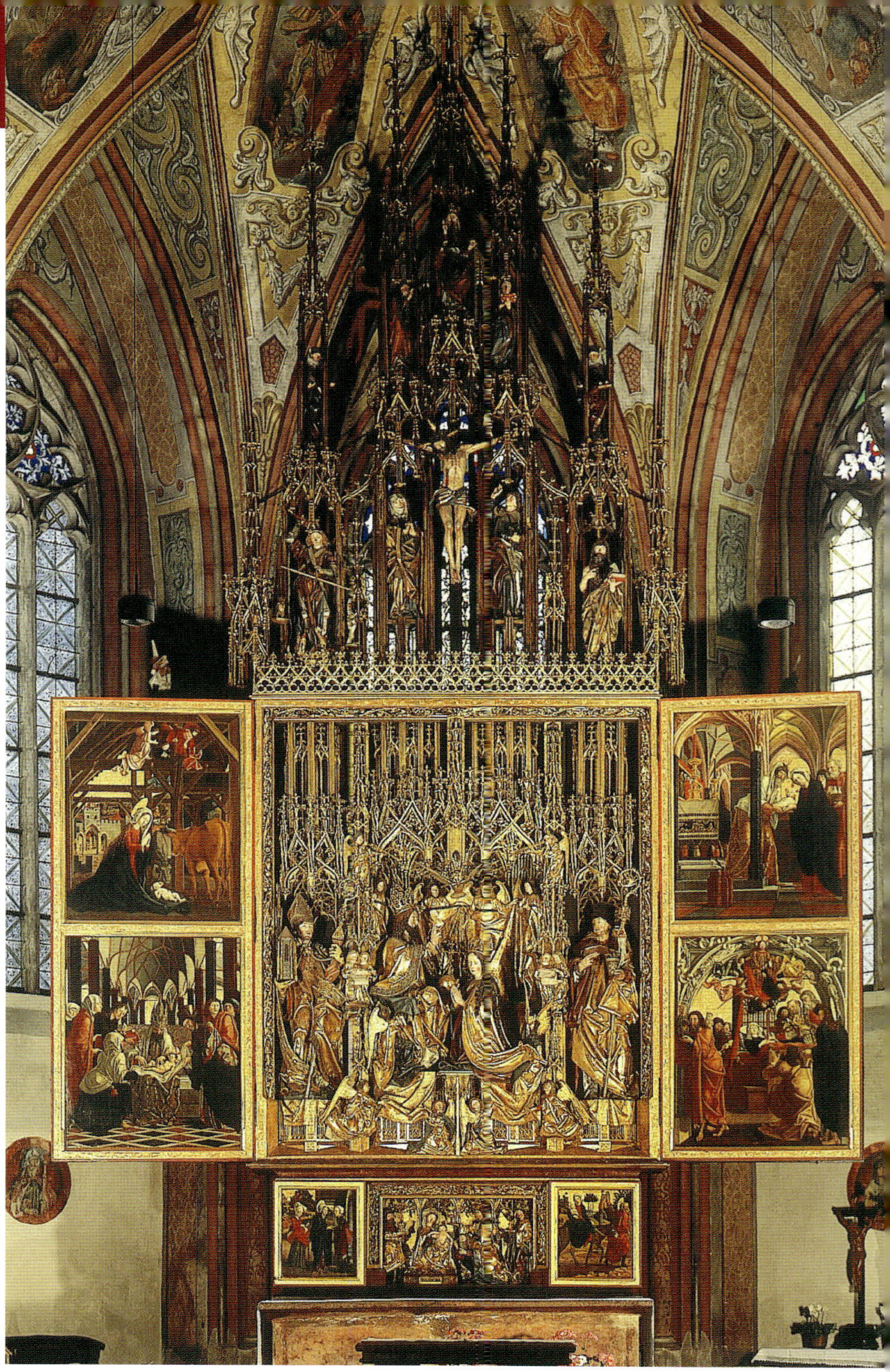

Der gotischer Flügelaltar von Michael Pacher in der Kirche Sankt Wolfgang zeigt Szenen aus dem Leben des heiligen Wolfgang.

Info

Name: Wallfahrt zum heiligen Wolfgang
Ort: Wallfahrtskirche Sankt Wolfgang, Sankt Wolfgang
Pilgerzeiten: 31. Oktober; ganzjährig

Katholisches Pfarramt Sankt Wolfgang, Markt 18
A-5360 Sankt Wolfgang, Tel. +43 (0) 6183/2321
Fax +43 (0) 6183/2321-20
pfarre.stwolfgang@dioezese-linz.at
www.dioezese-linz.at/pfarren/stwolfgang/

Das Gemälde „Sankt Wolfgang heilt eine besessene Frau und baut eine Klause" von 1481 gehört zum berühmten Wolfgangsaltar von Michael Pacher und befindet sich auf der Außenseite eines Seitenflügels.

ten Wallfahrten überliefert. Die Kirche wurde im Laufe der Jahrhunderte entsprechend vergrößert und erhielt einige prachtvolle und kunsthistorisch interessante Ausstattungsstücke, etwa den Flügelalter von Michael Pacher (1481), den Barockaltar von Thomas Schwanthaler (1676) sowie den Schmerzensmann und die Kanzel von Meinrad Guggenbichler (1706). Im 15. und 16. Jahrhundert war Sankt Wolfgang so berühmt wie Rom, Aachen und Einsiedeln, doch mit der Auflösung des Klosters Mondsee (1791), zu dem Sankt Wolfgang gehörte und von dem aus die Pilger betreut wurden, brach die Wallfahrt ein. Der Ort erlebte durch die nahe gelegene kaiserliche Sommerresidenz Ischl (1829–1916), die schon erwähnte Operette und den beginnenden Tourismus nach dem Zweiten Weltkrieg einen steilen Aufschwung als beliebtes Ferienziel; große Wallfahrten fanden jedoch nicht mehr statt.

Info

Name: Wallfahrt zu den Vierzehn Nothelfern
Ort: Basilika Vierzehnheiligen, Staffelstein
Hochtage: Festtage der Vierzehn Nothelfer sind der 6. Januar (Hl. Drei Könige), der 2. Februar (Mariä Lichtmess), der Sonntag nach Fronleichnam, der 15. August (Mariä Himmelfahrt), der Sonntag vor bzw. nach Mariä Geburt (8. September); ganzjährig

Franzikanerkloster Vierzehnheiligen
Vierzehnheiligen, D-96231 Bad Staffelstein
Tel. 09571/9508-0, Fax 09571/9508-50
vierzehnheiligen@franziskaner.de
www.vierzehnheiligen.de

Den Bediensteten auf dem Hof war klar, dass der Schäfer Hermann Leicht, der für das Gut Frankenthal arbeitete, etwas wunderlich und eigenbrötlerisch war. Wenn einer den ganzen Tag in der Einsamkeit mit seinen Schafen verbringt, bildet er sich vielleicht vieles ein und die Phantasie geht mit ihm durch. So dachten jedenfalls alle, als Hermann Leicht am 24. September des Jahres 1445 eine Erscheinung auf dem Plateau des Staffelberges gehabt haben wollte. Er habe ein weinendes Kind auf dem Feld gesehen, das ihn stumm, aber flehend angeschaut habe. Beim Näherkommen sei es verschwunden. Kurz darauf hatte Leicht die zweite Vision: Jetzt sah er das Kind zwischen zwei brennenden Kerzen. Und ein Jahr später, am 28. Juni 1446, sah Leicht das Kind erneut. Diesmal in einer Schar von vierzehn weiteren kleinen Kindern. Es sagte zu ihm: „Wir sind die vierzehn Nothelfer und wollen hier eine Kapelle haben und gnädiglich hier rasten. Bist du unser Diener, dann wollen wir auch dein Diener sein." Die Erzählungen Leichts von seinen Visionen wären wahrscheinlich ohne Folgen geblieben, wenn sich nicht kurz darauf ein erstes Wunder zugetragen hätte.

Das erste Wunder

Eine Magd des Hofes war todkrank und hatte bereits die Sterbesakramente erhalten. In ihrer Not bat sie die Vierzehn Nothelfer um Beistand, und nach einem langen Schlaf erwachte die Frau gesund. Im Zusammenhang mit diesem Geschehen wurden die Erzählungen des Hermann Leicht in neuem Licht gesehen, und der Abt des Klosters ließ noch im gleichen Jahr an der Stelle der Erscheinungen ein Kreuz errichten. 1448 entstand dann die erste kleine Kapelle auf dem Staffelberg. In den nächsten Jahren verbreitete sich die Kunde von dem neuen Heiligtum immer mehr. Neben der Kapelle entstand eine Propstei, die die Pilger versorgte. Auch bekannte Persönlichkeiten pilgerten nach Staffelstein, so Kaiser Friedrich III. zweimal, 1471 und 1485, Albrecht Dürer und seine Frau Agnes 1519 auf ihrer Reise in die Niederlande und Ferdinand I. 1562. Letzterer stiftete in Vierzehnheiligen seine Halskette.

Verbreitung

Die vierzehn Heiligen werden seit dem 9. Jahrhundert angerufen. Urkunden und

andere Quellen belegen eine Verehrung dieser Heiligengruppe zunächst in Süddeutschland und Österreich (Krems, Regensburg, München, Wunsiedel). Erst die Visionen des Hermann Leicht und der Bau der Wallfahrtskapelle und -kirche in Staffelstein lassen den Nothelferkult über die Landesgrenzen hinaus bekannt werden: Ab dem 15. Jahrhundert greift er im ganzen deutschen Sprachraum, später auch in Schweden, Ungarn und Italien.

Der Gnadenaltar

Inmitten der Vierung der Basilika ist der Vierzehn-Nothelfer-Altar platziert. Er ist optischer Mittelpunkt, nach den Plänen von Johann Jakob Michael Küchel ausgeführt durch die Stuckateure Johann Michael Feuchtmayer und seinen Bruder Franz Xaver. Der Altar steht frei im Raum, sodass der Gläubige den Altar von allen Seiten betrachten kann. Auf drei Ebenen sind je vier Nothelferfiguren angeordnet, die von einem Baldachin überspannt werden. Die Figuren von Barbara und Katharina stehen etwas abseits. Oben auf dem Baldachin thront das Jesuskind. Der Altar gewährt einen Durchblick auf den Hochaltar, dessen monumentales Gemälde die Himmelfahrt Mariens darstellt.

Der gesamte Altar ist von einem geschnitzten runden Gitter umgeben, auf dem vier Nothelfer stehen. Seitlich kann man im Inneren des Altars einen Blick auf den Ort der Erscheinungen werfen. Der Altar soll insgesamt an eine vornehme Prunkkalesche erinnern, die die Vierzehn Nothelfer in die Kirche kutschiert.

Innenansicht der Basilika Vierzehnheiligen. Das besondere ist der Gnadenaltar in der Mitte des Gotteshauses.

Die Basilika Mariä Himmelfahrt

Unter Abt Stephan Mösinger reifte im 18. Jahrhundert der Plan, nun endlich eine sowohl große als auch großartige Wallfahrtskirche zu bauen, die die enormen Pilgerströme aufnehmen konnte. Das Heiligtum, der Ort der Erscheinungen, sollte Mittelpunkt dieser neuen Kirche werden. Nach einigen Querelen, die die Person des zuständigen Baumeisters und die Pläne der Ausführung betrafen, konnte die neue Basilika Mariä Himmelfahrt 1772 von Fürstbischof Adam Friedrich von Seinsheim geweiht werden: ein prunkvoller Barock-Rokoko-Bau nach Plänen von niemand Geringerem als Johann Balthasar Neumann.

Die Wallfahrtskirche Vierzehnheiligen in Oberfranken

Engelbert Humperdinck dichtete für seine Märchenoper „Hänsel und Gretel“ das bekannte Kindergebet, in dem die Nothelfer angerufen werden:
Abends, will ich schlafen gehn,
vierzehn Engel um mich stehn ...

Ludwig I. von Bayern und die Wallfahrtsstätte Vierzehnheiligen

Nach 1803 traf die Zisterzienserabtei Langheim das Schicksal so vieler Klöster während der Säkularisation – mit der Auflösung wurden die Klostergebäude abgerissen. Die Wallfahrt nach Vierzehnheiligen war verboten. 1835 wurde zudem die Wallfahrtskirche von einem Blitzeinschlag schwer beschädigt. Doch 1839 erteilte Bayernkönig Ludwig I. dem Franziskanerorden den Auftrag, sich der Pilger anzunehmen. Die Franziskaner zogen in das ehemalige Prioriat der Zisterzienser auf dem Staffelberg ein, das alte Bedienstetengebäude dient heute als Gästehaus. Erst in den 1990er Jahren wurde Vierzehnheiligen umfassend renoviert und erstrahlt heute wieder in seinem ursprünglichen barocken Glanz.

Bayrische Landschaft mit Blick auf Bad Staffelstein

Die vierzehn Nothelfer

Achatius wird um Beistand bei Todesangst gebeten. Er ist Patron der Soldaten und Ritter. Ägidius verhilft dem Gläubigen zu einer offenen Beichte und ist Patron stillender Mütter. Barbara gibt Hoffnung in der Finsternis, ist Trösterin und hilft den Sterbenden. Sie schützt bei Gewitter und Feuersbrunst. Blasius wird angerufen bei Halsleiden. Er ist Patron für Vieh und Wetter. Christophorus hilft in vielen Notlagen zu Wasser und zu Lande, er steht für ein christliches Tagwerk und hilft ebenfalls bei einem unvorhersehbaren Tod. Cyriacus/Kyriakos wird angerufen, wenn der Gläubige in der Todesstunde verzweifelt, er schützt vor bösen Geistern und ist Patron der Winzer. Dionysius wird bei Kopfschmerzen angerufen und hilft in Glaubensnöten und bei Gewissensängsten. Erasmus kann bei Leibschmerzen um Linderung gebeten werden, und er ist Patron der Seeleute und Drechsler. Eustachius kann in allen Lebenslagen Beistand gewähren. Er gilt als Patron der Jäger, Förster, Schützen. Georg ist der Patron der Ritter, Bauern, Schmiede und schützt die Haustiere vor Seuchen und Krankheiten. Katharina kann bei Sprachbehinderungen und Leiden der Zunge helfen, sie ist Patronin aller Berufe, in denen Sprachgewandtheit und großes Wissen gefragt sind. Margareta verhilft zu einer leichteren Geburt und ist Fürsprecherin der Armen. Pantaleon ist Schutzherr der Ärzte, Hebammen und Kranken und hilft bei Kopfschmerzen. Vitus/Veit verschafft Erleichterung bei Epilepsie, schützt vor Tollwut und Schlangenbissen, hilft Lahmen und Blinden und ist Patron der Schmiede, Apotheker, Gastwirte, Bierbrauer. Alle Heiligen lebten im 2. bis 4. Jahrhundert und starben mit einer Ausnahme als Märtyrer.

links: „Acht Nothelfer" (Margareta, Katharina, Barbara, Blasius, Georg, Christoph, Pantaleon und Eustachius) von Mathis Gothart Grünewald aus dem Jahr 1503. Linker Flügel des Lindenhardter Altars (Bayreuth), Öl auf Holz, 159 x 68,5 cm

rechts: „Sechs Nothelfer" (Ägidius, Cyriacus, Achatius, Dionysius, Erasmus und Vitus) von 1528. Rechter Flügel des gleichen Altars

Info

Name: Wallfahrt zum heiligen Kilian und seinen Gefährten Kolonat und Totnan
Ort: Dom Sankt Kilian und Neumünsterkirche, Würzburg
Hochtage: 8. Juli (752), Kiliansfestwoche um dieses Datum; ganzjährig

Katholisches Pfarramt Dom
Domerpfarrgasse 10, D-97070 Würzburg
Tel. 0931/3211830, Fax 0931/386285
dompfarramt@bistum-wuerzburg.de
www.dom-wuerzburg.de

Der aus Irland stammende Kilian kam, von Rom mit einem Missionsauftrag betraut, als Wanderbischof in die Würzburger Gegend, um die dort ansässigen Franken zum Christentum zu bekehren. Zusammen mit seinen Begleitern Kolonat und Totnan war er darin sehr erfolgreich: Sogar der Frankenherzog Gosbert ließ sich taufen. Kilian forderte jedoch von Gosbert, sich von seiner Gemahlin Geilana zu trennen, denn sie war die Witwe seines Bruders. Nach fränkisch-römischem Recht war es zwar durchaus üblich, die Bruderwitwe zu ehelichen, aber nicht nach christlichem Verständnis. Gosbert gehorchte, doch Kilian zog den Zorn Geilanas auf sich, die den richtigen Zeitpunkt für ihre Rache abpasste. Während der Herzog sich auf einem Kriegszug befand, ließ sie die drei Missionare im Jahr 689 nachts beim Gebet enthaupten und verscharren.

Die Legende

Die Mordtat blieb nicht unbemerkt: Die Klause, in der der Mord geschah, ließ Geilana abreißen und an ihrer Stelle einen Pferdestall errichten. Doch die Pferde scheuten, wollten den Stall nicht betreten. Geilana sowie die Mörder verloren den Verstand. In diesem Zustand fand Gosbert sie bei seiner Rückkehr vor. Sie gestanden sogleich die Tat. Die christliche Einsiedlerin Burgunda, die die Tat beobachtet hatte, hatte zum Beweis der Ermordung außerdem etwas blutgetränkte Erde gesammelt, und sie konnte Gosbert die Stelle der Enthauptung zeigen. Die Leichen wurden – unversehrt! – ausgegraben.

Der Dom

Die ältesten Teile des Doms befinden sich über und neben dieser ehemaligen Kapelle. 742 wurde das Bistum Würzburg durch den heiligen Bonifatius gegründet, und der erste Bischof, der heilige Burkhard, erteilte den Auftrag zum Dombau. Am 8. Juli 752 wurden während der Bauarbeiten Kilians Gebeine erhoben und in die Kirche des Sankt-Andreas-Klosters (heute Sankt Burkhard) überführt. Unter Bischof Berowolf (768–800) konnte der neue Dom 788 im Beisein Karls des Großen „Christus Salvator" geweiht werden. Nunmehr befanden sich Kilians Gebeine wieder an dem Ort, an dem er und seine Mitstreiter den Märtyrertod erlitten hatten. Doch bei einem Dombrand 855 wurden die Gebeine zu ihrer Rettung in die neben dem Dom liegende Kapelle ausgelagert. Bischof Adalbero richtete an dieser kleinen Kirche ein Kollegiatsstift ein und vergrößerte die Kirche

(1058–1063), die Neumünster genannt wurde. Die Gebeine der Heiligen wurden nicht mehr in den Dom zurückgebracht. Sie ruhen heute im Kiliansschrein in der Kiliansgruft. Die Häupter werden in einem kostbaren Schrein aus Bergkristall im modernen Altar des Doms (geschaffen vom Baseler Künstler Albert Schilling) aufbewahrt.

Am Dom wurde im Laufe der nächsten Jahrhunderte kontinuierlich gebaut und umgestaltet. Jeder Bischof oder Fürstbischof ließ ihn nach jeweils zeitgenössischem Geschmack modernisieren und mit neuen Kunstwerken ausstatten. Die größten Um-

Es sieht aus, als stünden vier verschiedene Kirchen in der Altstadt von Würzburg, tatsächlich sind es jedoch drei: im Vordergrund die (rot-weiße) Marienkapelle, dahinter die Kuppel und Türme der Neumünsterkirche, im Hintergrund der Dom Sankt Kilian.

bauarbeiten fanden im 13. Jahrhundert statt. Um das Jahr 1500 setzte eine zweite Umbauphase ein, die in Balthasar Neumanns barocker Aus- und Umgestaltung im 18. Jahrhundert mündete. Berühmt ist sein zwischen 1721 und 1736 entstandener Anbau der Schönbornkapelle, der Grablege der Fürstbischöfe des Hauses Schönborn. Sehenswert sind auch zwei erhaltene spätmittelalterliche Grabdenkmäler für die Bischöfe Rudolf von Scherenberg und Lorenz von Bibra, die der bekannte Bildschnitzer Tilman Riemenschneider (1460–1531) entworfen und angefertigt hat.

Die Wallfahrt

Die Heiligen Kilian, Kolonat und Totnan sind die Patrone der Stadt Würzburg und des Bistums. Neben der ganzjährigen Verehrung werden seit 1127 die Kiliansfeiern abgehalten. Acht Tage lang zieht der Kilianschrein

Gläubige aus der Region an. Im Mittelalter war die Wallfahrt nach Würzburg zeitweise mit einem Ablass verbunden, so unter Papst Bonifatius IX. In einer feierlichen Prozession wird der Bergkristallschrein mit den Häuptern durch die Stadt getragen. Heute finden auch spezielle Wallfahrtsgottesdienste für Ordensleute, Handwerker, Kirchenmusiker, Behinderte und Pfarrhaushälterinnen statt.

Neben den Wallfahrtstagen erfreuen sich die weltlichen Feste zum Andenken der Heiligen großer Beliebtheit: so das Kilianivolksfest, eine große Kirmes auf dem Talaveraplatz, die von Kaiser Konrad II. genehmigt wurde, und die Kilianimesse, eine Verkaufsmesse der örtlichen Handwerker und Bauern, die seit 1030 belegt ist.

Statue des heiligen Kilian auf der alten Mainbrücke in Würzburg

Der Ökumenische Pilgerweg

Die Via Regia – die Königsstraße – durch das heutige Mitteldeutschland (Sachsen, Sachsen-Anhalt und Thüringen) ist eine alte Handelsstraße von Ost nach West. Auf ihr zogen Händler, Könige und Soldaten durchs Land, aber auch Pilger mit Ziel Santiago de Compostela.

Urkundlich belegt ist diese mittelalterliche Fernstraße als Strata Regia, als Hohe Straße, die unter königlichem Recht stand, erstmals 1252 in einer Urkunde des Markgrafen Heinrich von Meißen. In Teilabschnitten gibt es schon Vorläufer in Hessen im 8. Jahrhundert und im 10. Jahrhundert in der Oberlausitz. Ab dem 14. Jahrhundert stand die Via Regia unter landesfürstlicher Aufsicht und war durch Straßenzwang privilegiert. (Händler mussten bestimmten Routen folgen und in den auf dem Weg liegenden Städten ihre Ware nach dem Stapelrecht anbieten. Unter Via Regia versteht man also mehr die Funktion einer Straße als den exakten Verlauf.)

Die Via Regia stellte die Verbindung zwischen den beiden wichtigen Messeplätzen Leipzig und Frankfurt her, führte südwestlich von Frankfurt weiter in die Champagne und zur Île de France bis nach Spanien; in östlicher Richtung führte sie von Leipzig und Görlitz weiter nach Polen, Russland und südlich bis nach Prag.

Mit dem Wiener Kongress 1815 und der Neuordnung Europas, die eine Verkleinerung des sächsischen Staatsgebietes bedeutete, büßte die *Via Regia* ihren Straßenzwang ein und verlor somit ihre Bedeutung.

Die Kreuzkapelle des 500 Jahre alten Heiligen Grabes in der ostsächsischen Kreisstadt Görlitz. Das Heilige Grab ist eine Stätte von europäischer Bedeutung. Neben seiner Funktion als Wallfahrtsort dient es auch als Andachtsstätte und Kulturdenkmal.

Info

Name: Ökumenischer Pilgerweg
Orte: von Görlitz nach Vacha
Pilgerzeiten: ganzjährig
Ökumenischer Pilgerweg e. V., Goetheplatz 9b
D-99423 Weimar, Tel. 03643/815733
info@oekumenischer-pilgerweg.de
www.oekumenischer-pilgerweg.de

Der Verein verschickt gegen eine Schutzgebühr einen ausführlichen Pilgerführer mit Wegbeschreibung, Karten und Tipps zu Übernachtung und Beköstigung (mit Pilgerausweis).

Der Ökumenische Pilgerweg

Seit 2003 organisiert und unterhält der Verein Ökumenischer Pilgerweg e. V. den Pilgerweg gleichen Namens, der sich am Verlauf der alten Via Regia orientiert. Da nicht alle kleineren Streckenverläufe quellenmäßig belegt sind, orientierten sich die Gründer hauptsächlich an dem vermuteten Streckenverlauf zwischen den größeren Städten und an den Funden von Pilgerzeichen. Diese Zeichen erhielten die Pilger am Zielort Santiago, sozusagen als Erfolgsurkunde, und nahmen sie als Beleg und zur Erinnerung mit in ihre Heimatstädte. Diese Dokumente wurden etwa in Großenhain, Leipzig, Erfurt, Gotha und Vacha bei Ausgrabungen gefunden.

Zwischen den Städten orientiert sich der Verlauf der Route an der Gangbarkeit. Auch heutige Bundesstraßen und Autobahnen folgen dem einfachsten geografischen Verlauf, wie schon Jahrhunderte vorher Pferdefuhrwerke und Fußgänger. Die historische Strecke ist dokumentiert, ausgeschildert sind jedoch für Wanderer besser geeignete Feld- oder Waldwege am Rande.

Hinweisschilder findet der Pilger im bekannten Zeichen der gelben Jakobsmuschel auf blauem Grund. Diese Orientierungshilfen sind jedoch nur in westlicher Richtung, also nach Santiago de Compostela, zu finden. Der Weg ist also von Görlitz nach Vacha zu gehen. In Vacha kann der Pilger auf andere Wegesysteme wechseln, wenn er seine Reise fortsetzen möchte.

Weil der Ökumenische Pilgerweg ein Weg nach Santiago de Compostela ist, wie er schon im Mittelalter bekannt war, finden sich an der Route viele historische Rastplätze, Hospitäler, in denen man die Pilger

Jakob Böhme

Der Mystiker und Naturphilosoph Jakob Böhme (1575–1624) lebte in Görlitz. Er arbeitete als Schuhmachermeister, betrieb als Autodidakt Bibelstudien und beschäftigte sich mit naturwissenschaftlichen Schriften. 1612 legte er sein erstes Buch vor, gleichzeitig sein Hauptwerk: „Aurora oder Morgenröte im Aufgang". Weil er als Erster philosophische Schriften auf Deutsch schrieb, nannte man ihn auch „Philosophus Teutonicus".

aufnahm, ihnen Essen und einen Schlafplatz für die Nacht bot. Diese Hospitäler wurden von den Städten eingerichtet, um den Pilgern eine Anlaufstelle zu bieten und sie vom Betteln in den Straßen abzuhalten, denn das war damals schon nicht sehr beliebt.

Dass das historische Ziel der Via Regia Santiago war, merkt der zeitgenössische Pilger an den vielen Kirchen und Kapellen, die dem heiligen Jakobus geweiht sind, oder an den Stadtvierteln, Straßennamen, Wegkreuzen usw., die Jakobsviertel, Jakobsstraße oder Jakobskreuz heißen.

Für den Ökumenischen Pilgerweg gilt auch heute noch, dass der Weg das Ziel ist. Unterwegs findet der Pilger zwar viele historische Sehenswürdigkeiten, aber eigentlich nur wenige Orte, die für sich genommen Ziel von mittelalterlichen Wallfahrten und Pilgerreisen waren. Und wenn doch, dann waren sie eher von regionaler Bedeutung.

Görlitz

Die Stadt an der Neiße lag im Mittelalter direkt an einer Furt und war Knotenpunkt für den Handel mit den östlichen Nachbarn. 1339 hatte Görlitz sogar das Waidhandelsmonopol für die im Osten gelegenen Länder, was der Stadt eine wirtschaftliche Blütezeit bescherte. Zusammen mit den Städten Bautzen, Kamenz, Lauban, Löbau und Zittau gründete Görlitz 1346 den Sechsstädtebund, um sich gegen Raubritter, marodierende Soldaten und sonstiges Gesindel auf den Straßen besser zu schützen und den Händlern, Reisenden und Pilgern unterwegs eine gewisse Sicherheit zu bieten. In Görlitz lebte und starb der Mystiker Jakob Böhme, der auf dem Friedhof der ältesten Görlitzer Kirche, der Nikolaikirche, begraben ist. Sehenswert

Etappen

Von	nach	km	km gesamt
Görlitz	Ebersbach	5,5	5,5
Ebersbach	Arnsdorf	13,0	18,5
Arnsdorf	Buchholz	9,0	27,5
Buchholz	Weißenberg	3,0	30,5
Weißenberg	Wurschen	8,0	38,5
Wurschen	Kubschütz	7,3	45,8
Kubschütz	Bautzen	6,5	52,3
Bautzen	Milleniumsdenkmal	8,7	61,0
Milleniumsdenkmal	Crostwitz	7,5	68,5
Crostwitz	Sankt Marienstern	4,0	72,5
Sankt Marienstern	Nebelschütz	5,7	78,2
Nebelschütz	Kamenz	5,0	83,2
Kamenz	Schwosdorf	5,3	88,5
Schwosdorf	Reichenau	4,8	93,3
Reichenau	Königsbrück	4,5	97,8
Königsbrück	Tauscha	8,0	105,8
Tauscha	Schönfeld	9,0	114,8
Schönfeld	Großenhain	14,7	129,5
Großenhain	Roda	10,2	139,7
Roda	Zeithain	6,7	146,4
Zeithain	Lorenzkirche/Fähre	7,3	153,7
Lorenzkriche/Fähre	Liebschützberg	7,9	161,6
Liebschützberg	Dahlen	10,3	171,9
Dahlen	Dornreichenbach	10,0	181,9
Dornreichenbach	Wurzen	9,5	191,4
Wurzen	Machern	10,0	201,4
Machern	Leipzig	11,3	212,7
Leipzig	Leipzig Zentrum	9,0	221,7
Leipzig Zentrum	Horburg	17,8	239,5
Horburg	Merseburg	16,0	255,5
Merseburg	Frankleben	8,0	263,5
Frankleben	Lunstädt	7,2	270,7
Lunstädt	Freyburg	12,5	282,2
Freyburg	Naumburg	8,5	291,7
Naumburg	Roßbach	3,5	295,2

Von	nach	km	km gesamt
Roßbach	Punschrau	8,5	303,7
Punschrau	Eckartsberga	9,4	313,1
Eckartsberga	Oberreißen	13,5	326,6
Oberreißen	Buttelstedt	5,0	331,6
Buttelstedt	Schwerstedt	4,0	335,6
Schwerstedt	Ollendorf	9,5	345,1
Ollendorf	Erfurt	15,0	360,1
Erfurt	Fürstenhof	10,5	370,6
Fürstenhof	Gotha	16,5	387,1
Gotha	Hastrungsfeld	16,0	403,1
Hastrungsfeld	Eisenach	15,0	418,1
Eisenach	Oberellen	15,5	433,6
Oberellen	Vacha	20,0	453,6

ist neben dieser Kirche das sogenannte Heilige Grab, das im ausgehenden Mittelalter Ziel vieler Pilger war. Der Kaufmann und Ratsherr Georg Emmerich entzog sich einer Verurteilung, indem er als Buße eine Pilgerreise nach Jerusalem unternahm. 1465 erhielt er dort den Titel „Ritter des Heiligen Grabes". Wieder in seiner Heimatstadt angekommen, ließ er das Grab und den Hügel maßstabsgerecht 1:2 nachbauen. Mit seiner Fertigstellung 1504 avancierte das Grab zum Wallfahrtsort. Heute wird der Brauch einer Osterprozession wieder belebt.

Blick auf die Ortenburg und den Petridom in Bautzen in der Lausitz

Weiter bis zum Kloster Sankt Marienstern

In der Nähe von Görlitz liegt bei Ebersbach ein weiterer alter Wallfahrtsort: die 1443 geweihte Barbarakirche, die als architektonische Besonderheit eine einzelne, mittig stehende Säule im Kirchenschiff aufweist.

Die Gemeinde Herrenhut liegt etwas abseits am Wege in der Nähe von Reichenbach. Die von dort stammenden „Herrenhuter Losungen" für jeden Tag sind ein erbaulicher Wegbegleiter (Kontakt über die Ev. Brüder-Unität, Comeniusstraße 8, 02747 Herrenhut, Tel. 035873/33840). Geistige und handfeste Nahrung findet der Wanderer auch in der Gemeinde Weißenburg, in der das traditionelle Pfefferkuchenbacken noch gepflegt wird. Auf den großen Gewürzkuchen sind christliche Motive dargestellt. Bautzen ist die Hauptstadt der Sorben, in der Neuzeit aber

unten: Bautzen gilt als Hauptstadt der Sorben. Im nahegelegenen Crostwitz findet regelmäßig ein Festival mit Tanz- und Folkloregruppen der Lausitzer Sorben statt.

rechts: In Panschwitz-Kuckau befindet sich die Zisterzienserinnen-Abtei Sankt Marienstern. Die Burgherren von Kamenz stifteten das Kloster 1248. Der heutige Konvent umfasst knapp 20 Ordensschwestern. Sie leben nach der Ordensregel ora et labora *(bete und arbeite).*

eher bekannt durch das politische Staatsgefängnis der ehemaligen DDR. Im Dom Sankt Petri gibt es ein Kuriosum: Die Kirche wurde nach Reformation und Gegenreformation zweigeteilt. Den Chor benutzen die Katholiken, das Langhaus die Protestanten für ihre Gottesdienste. Das ehemals vier Meter hohe Trenngitter wurde 1952 durch einen einen Meter hohen Zaun ersetzt.

Sankt Marienstern

Das Kloster der Zisterzienserinnen ist eines der wenigen, das seit seiner Gründung ununterbrochen existiert. Gestiftet wurde es 1248 durch den Ritter Bernhard III. von Kamenz (später Bischof von Meißen), der sich bei einer Jagd verirrt hatte und im Morast zu versinken drohte. In seiner Not bat er Maria um Hilfe und versprach ihr für den Fall seiner Errettung den Bau eines Klosters. Im Morgenstern sei ihm daraufhin Maria erschienen

(daher der Name Marienstern), und als er diese Vision hatte, spürte er wieder festen Boden unter den Füßen. Die Klosterkirche beherbergt einen wertvollen Reliquienschatz, zu dem u.a. eine byzantinische Staurothek (Reliquiar mit einem Partikel des Heiligen Kreuzes) aus der Zeit um 1100 sowie zwei Kopfreliquiare mit Reliquien von Johannes dem Täufer und dem Apostel Jakobus d.Ä. gehören. Zum Kloster gehört der Wallfahrtsort Rosenthal, die Hauptwallfahrtsstätte des Bistums Dresden-Meißen. Hier wird eine Madonnenstatue verehrt, die man unter wundersamen Umständen unter einem Lindenbaum gefunden hat. Sie ist das Ziel vieler Prozessionen aus den umliegenden sorbischen Dörfern sowie auch der bundesweiten Studentenwallfahrt der Arbeitsgemeinschaft Katholischer Hochschulgemeinden.

Über Kamenz nach Leipzig

Berühmtester „Sohn“ der Stadt Kamenz ist Gotthold Ephraim Lessing, dessen Vater hier Stadtpfarrer war. Die Stadt ist aber auch für ihre spätgotischen Altäre bekannt, die in großer Zahl erhalten und beispielhaft für die sächsische Schnitzkunst sind – so in Sankt Marien, Sankt Annen und Sankt Just. In Ponickau bei Ortrand wurde ein Marienbild verehrt, zu dem bis zur Reformation regelmäßig Wallfahrten führten. Nach den Gottesdiensten gingen die Pilger weiter bis zu einem Brunnen, dem Rosenbrunnen, dessen Wasser Linderung bei verschiedensten Krankheiten versprach.

Der Stadtname Großenhain soll von einem sich hier zugetragenen Wunder stammen: Ein unschuldig verurteilter und gehängter Jakobspilger soll nach drei Tagen lebendig aufgefunden worden sein. Als dies dem Richter zu Ohren kam, wollte er nicht daran glauben, denn schließlich würde ja auch das Brathuhn vor ihm auf seinem Mittagstisch nicht wieder lebendig. Just bekam das Huhn Federn, flog im Zimmer herum und legte sich danach wieder – im gebratenen Zustand – brav auf den Teller. Als nun der Pilger nach seiner Rettung befragt wurde, antwortete er, dass ihn der heilige Jakob am Leben erhalten habe. Anlässlich dieses Ereignisses ließ man nicht nur eine Jakobskapelle an diesem Wunderort errichten (Hospiz und Kapelle wurden im 19. Jahrhundert abgerissen), sondern die Stadt wurde, dem Wunder Rechnung tragend, nach dem großen Hahn Großenhain benannt.

Rosenthal

Die Legende erzählt, dass Ritter Lukian von Zerna einer geheimnisvollen Unbekannten hinterherritt, die ihn zu einer Linde führte. Dort verschwand sie und blieb unauffindbar, aber im Geäst des Baumes erblickte der Ritter eine Marienstatue. Also errichtete er dort eine Kapelle, auf deren Altar die Madonna ihren Platz fand: eine spätgotische Marienfigur mit einem Kranz aus Rosen auf dem Kopf, in der Hand eine Birne haltend. 1776 bis 1778 wurde die heutige barocke Wallfahrtskirche erbaut. In der Nähe der Kirche befindet sich ein Brunnenhäuschen mit einer Quelle, dessen Wasser bei Augenleiden heilkräftig sein soll.

Info

Name: Wallfahrt zu Unserer Lieben Frau von der Linde
Ort: Wallfahrtskirche Maria in der Linde, Ralbitz-Rosenthal
Pilgerzeiten: Mai bis Oktober, Marienfesttage, Ostermontag, Pfingstmontag; ganzjährig

Katholisches Pfarramt Sankt Katharina
Hauptstraße 17, D-01920 Ralbitz
Tel. 035796/95727, Fax 035796/96853
swj-katyrna-ralbicy@t-online.de
oder
Kloster Sankt Marienstern, Cisinkistraße 35
D-01920 Panschwitz-Kuckau, Tel. 035796/99431
Fax 035796/99455, kloster@marienstern.de

In Wurzen, im Mittelalter zeitweise Sitz des Meißener Bischofs, ist ein künstlerisches Kleinod zu besichtigen. Der Dresdener Künstler Georg Wrba stattete die Kirche des bis 1539 katholischen Domstiftes in den Jahren 1931/32 expressionistisch aus. Der kleine Ort ist die Heimat des Dichters Joachim Ringelnatz. Etwas südlich von Wurzen liegt Eicha, einer der bekanntesten mittelalterlichen Marienwallfahrtsorte der Region. Luther erwähnt diese Wallfahrt in einem Atemzug mit Rom und Santiago. Der Legende nach wurde ein Fuhrmann, der mit gestohlenem Altargerät unterwegs war, von einem Bildstock mit einem Marienbild aufgehalten und konnte so gefasst werden. Eicha besitzt noch einen alten mittelalterlichen Stadtkern mit sogenannten Henneberg'schen Fachwerkhäusern. Der ganze Dorfanger steht unter Denkmalschutz.

Die Leipziger Thomaskirche ist immer noch Heimstatt des berühmten Thomanerchors.

Das Denkmal Johann Sebastian Bachs in Eisenach, wo er 1685 geboren wurde. Von 1723 bis 1750 wirkte er als Thomaskantor in Leipzig.

Leipzig

Thietmar von Merseburg erwähnte 1015 erstmals eine *urbs Libzi*. Markgraf Otto der Reiche von Meißen verlieh dieser Ansiedlung an der Pleiße 1165 die Stadtrechte. Zu diesem Zeitpunkt gab es schon eine Nikolaikirche, und einige Jahrzehnte später (1212) gründete Markgraf Dietrich das Augustiner-Chorherrenstift Sankt Thomas mit zugehöriger Stiftskirche. Auch die Nikolaikirche war diesem Stift unterstellt. Das Chorherrenstift Sankt Thomas besaß eine berühmte Reliquie des heiligen Thomas, die der Minnesänger Heinrich von Morungen 1217 aus Indien nach Leipzig gebracht haben soll. Das Stück vom Gewand des Apostels wurde bis 1721 im Hochaltar aufbewahrt.

Beide Kirchen sind heute die berühmtesten Kirchen von Leipzig: die Nikolaikirche wegen ihrer Bedeutung für die Friedensbewegung 1989 und Sankt Thomas, weil Johann Sebastian Bach, nachdem er 1723 in der Nikolaikirche seine Kantoratsprobe ablegt hatte, hier 27 Jahre lang Thomaskantor des Thomanerchors war – bis zu seinem Tod.

Leipzig besaß im Mittelalter vier Klöster: Sankt Paul (Dominikaner), Sankt Thomas (Augustinerchorherren), Zum Heiligen Geist (Franziskaner) und Sankt Georg (Zisterzienser), doch mit Beginn der lutherischen Reformation („Leipziger Disputation“ 1519) wurde es für die Katholiken immer schwerer. 1539 siegte die Reformation, und die katholischen Kirchen, Klöster und Besitzungen

Chorherrenstift

Chorherren leben nach einer Ordensregel, meist nach der des heiligen Augustin. Im Gegensatz zu Mönchen legen Chorherren zwar ihre Gelübde ab und besitzen die Priesterweihe, aber sie leben nicht im Kloster, sondern in einem geistlichen Stift, das oft an eine Kathedral- oder Kollegiatsstiftskirche angeschlossen ist. Sie heißen dann reguläre Chorherren oder auch Regularkanoniker. Ihnen obliegen die Verwaltung und die Seelsorge in der Gemeinde. Es gibt auch Säkularkanoniker, also weltliche Chorherren, die zwar ebenfalls nach den augustinischen Regeln leben, aber kein Gelübde abgelegt haben.

wurden aufgelöst oder lutherisch und unter neue Verwaltung gestellt. Erst 1697 fanden in Leipzig wieder katholische Gottesdienste statt, und es dauerte über 200 Jahre, bis 1921 das ehemalige Bistum Meißen (heute Dresden-Meißen) wiedererrichtet wurde.

Merseburg bis Naumburg

Von Merseburg aus begann im 9. Jahrhundert die Missionierung der Sachsen, denn hier befand sich die letzte fränkische Grenzfestung unter den Karolingern. Otto I. gründete 968 das Bistum Merseburg und erhob die bisherige Pfalzkirche, die Johannes dem Täufer geweiht war, zur Kathedrale. In Merseburg verehrte man im 11. Jahrhundert die Gebeine der Märtyrer Romanus und Maximus.

Im sächsisch-anhaltinischen Merseburg prägen Dom und Schloss das Stadtbild. Vom 10. bis 13. Jahrhundert haben hier fränkische und deutsche Könige Hof gehalten.

Ganz in der Nähe von Merseburg, in der Pfarrkirche in Horburg, befindet sich die „Horburger Madonna", die um 1250 entstanden ist. Die Statue besteht aus Sandstein, der im Herbst Feuchtigkeit absondert und Tropfen bildet. Es sah dann aus, als ob die Madonna weine. Zu Mariä Geburt am 8. September entwickelte sich eine Wallfahrt zum Tränenwunder. Offenbar weinte die Madonna aber nicht jedes Jahr, was wahrschein-

lich am Wetter lag, sodass sich der Pfarrer 1587 darüber beklagte, dass es in jenem Jahr kein Wunder gegeben habe. Ein weniger wundergläubiger Nachfolger zerschlug im 17. Jahrhundert das Gnadenbild, um dem Andrang der Pilger ein Ende zu bereiten. 1930 fand man die Fragmente im Altar und die Madonna wurde restauriert.

Das kleine Dorf Roßbach war der Schauplatz der sogenannten Amüsanten Schlacht *(La bataille amusante)*. Während des Siebenjährigen Krieges (1756–1763) standen sich bei der Schlacht von Roßbach 1757 Preußen und das Reichsheer gegenüber – im vorliegenden Fall überwiegend durch Franzosen vertreten. Stadtsoldaten aus Köln, die Roten Funken, im Kämpfen und Kriegshandwerk völlig ungeübt, verstärkten das Reichsheer zusätzlich. Als die Preußen – militärisch gedrillt – zu schießen begannen, sollen die Roten Funken entsetzt gerufen haben: „Hüürt op zu scheeße, sitt er dann nit, dat he lück stonn!" („Hört auf zu schießen, seht ihr denn nicht, dass hier Leute stehen!") und machten sich eilig davon. Und mit ihnen das Reichsheer.

Im November 1757 konnte Friedrich II. bei der Schlacht von Roßbach französische Truppen besiegen, die doppelt so zahlreich waren wie seine eigenen.

In Freyburg hat der Legende nach die heilige Elisabeth von Thüringen geweilt und mit ihrem „seltsamen Verhalten" die Leute verschreckt. Elisabeth war mit ihrem Gemahl Ludwig IV. und ihrer Schwiegermutter Landgräfin Sophia auf der Neuenburg bei Freyburg zu Gast. Da sah Elisabeth einen zerlumpten Bettler draußen, bat ihn herein, wusch ihn, schnitt im die Nägel, kleidete ihn in ein sauberes Gewand und legte ihn zum Schlafen in das Bett ihres Gemahls. Landgräfin Sophia, die dies empört und mit Unverständnis beobachtet hatte, führte ihren Sohn zum Bett und sagte vorwurfsvoll:

„Schau, mit welchen Leuten Elisabeth dein Bett zu beschmutzen pflegt.“ Doch als der Fürst die Person im Bett näher in Augenschein nahm, sah er den Gekreuzigten dort liegen. Daraufhin bat er Elisabeth, noch öfter solche Gäste in sein Bett zu legen.

Naumburg

Naumburg war ab 1028 Bischofssitz und bis ins 16. Jahrhundert – danach lief Leipzig ihr den Rang ab – eine belebte Messestadt. Wahrzeichen der Stadt ist der Dom Sankt Peter und Paul, eines der bedeutendsten Baudenkmäler der späten Romanik und der frühen Gotik in Europa. Hervorzuheben sind die zwölf Stifterfiguren aus Kalkstein, die aus der Werkstatt des sogenannten Naumburger Meisters stammen. Der Dom beherbergt u. a. ein Kopfreliquiar von Johannes dem Täufer, Reliquien der 11 000 Jungfrauen und der Apostel Petrus und Paulus. Noch heute feiern die Naumburger ein Ereignis, das mit der wundersamen Errettung der Stadt am Jakobustag (25. Juli) 1432 zu tun hat: Der Hussitenfeldherr Prokop belagerte die Stadt

Terrassenförmig aufsteigende Weinberge umgeben das rund 900 Jahre alte Schloss Neuenburg im Winzerstädtchen Freyburg, das als die Schwesternburg der Wartburg gilt.

schon längere Zeit, doch gerade am Tag des heiligen Jakobus beendete er die Belagerung unvermittelt und bewirtete die Naumburger Kinder mit Kirschen. Dieses Kirschenfest wird heute alljährlich Ende Juni gefeiert.

Zwischen Naumburg und Bad Kösen liegt das ehemalige Kloster Pforte. Bischof Udo I. verlegte 1137 ein bestehendes Kloster in Schmölln hierher und besetzte es mit Zisterziensern. Das Kloster erhielt den Namen „Sancta Maria ad portam" (Heilige Maria zur Pforte). Mit der Reformation 1540 wurde das Kloster aufgelöst, aber Herzog Moritz von Sachsen richtete hier 1543 eine Fürstenschule ein, die zu den berühmtesten Schulen im Lande zählte. Auch heute noch beherbergt das ehemalige Kloster die Landesschule Pforta, ein überregional bekanntes Internat mit spezieller Förderung in Sprachen, Musik und Naturwissenschaften.

Erfurt

729 wird Erfurt zum ersten Mal urkundlich erwähnt. Bonifatius gründete hier 742 ein Bistum, das 755 in sein Bistum Mainz integriert wurde. Die günstige Lage an der Furt durch die Gera (Erpha) und an dem Knotenpunkt wichtiger Handelsstraßen vom Rhein in den Osten machten Erfurt zu einer der berühmtesten Städte des Mittelalters. In dieser Zeit besaß Erfurt 80 Kirchen und 36 Klöster, woher ihr Name „die Turmreiche" rührt. Beherrscht wird der Stadtkern vom Domberg, auf dem der Dom Sankt Marien und die Severikirche stehen. Beide sind über eine breite Treppe, die „Gerade", zu erreichen. Bei Umbauarbeiten und Erweiterungen des Doms 1154 entdeckten die Arbeiter die Gräber des heiligen Eoban (Bischof von Utrecht) und des heiligen Adolar, die beide Zeitgenossen und Gefolgsleute des heiligen Bonifatius waren und mit ihm in Friesland

Der Dom Sankt Peter und Paul in Naumburg wurde zwischen dem 11. und dem 13. Jahrhundert im spätromanisch-frühgotischen Stil erbaut.

den Tod fanden. Adolar wird als erster und einziger Bischof von Erfurt verehrt. Im örtlichen Mirakelbüchlein werden Wunderheilungen an Blinden, Lahmen, Fallsüchtigen, Stummen, Irren usw. dokumentiert. In einem Büstenreliquiar aus dem 12. Jahrhundert werden Reliquien des Bistumsgründers und des heiligen Kilian aufbewahrt. Reliquien der heiligen Elisabeth von Thüringen, der Patronin des Bistums Erfurt, befinden sich in einem gotischen Reliquiar, das gegen Ende des 13. Jahrhunderts angefertigt wurde. Auch eine Kopie ihrer Heiligsprechungsurkunde von 1235 ist ausgestellt.

Zwei Mariendarstellungen sind kunsthistorisch erwähnenswert: eine der frühesten vollplastischen Pietàs um 1350 – von einem thüringischen Künstler geschaffen – und eine 200 Jahre ältere Madonna mit Namen „Thron der Weisheit". Die sitzende, als Himmelskönigin gezeigte Maria bildet mit ihrem Schoß einen Thron für Jesus Christus, der zwar als Kind, aber bereits mit männlichen Gesichtszügen dargestellt ist.

Info

Name: Wallfahrt zu Unserer Lieben Frau
Ort: Dom Sankt Marien, Erfurt
Pilgerzeiten: Bistumswallfahrt am 15. September (Gedächtnis der Sieben Schmerzen Mariens); ganzjährig

Dompfarramt Sankt Marien, Domstraße 9
D-99084 Erfurt, Tel. 0361/5615761
Fax 0361/6572402, dompfarramt@dom-erfurt.de
www.dom-erfurt.de

Die benachbarte Severikirche, 1278 als Stiftskirche für die Augustinerchorherren gegründet, zog Pilger aufgrund eines Heiligengrabes an. Erzbischof Otgar von Main erwarb 836 die Gebeine des heiligen Severus, der im 4. Jahrhundert Bischof von Ravenna gewesen war, und überführte sie nach Erfurt.

Interessant ist eine Abhandlung des Erfurter Augustinereremiten (so werden die Mönche genannt, die nach der augustinischen Regel in einem Kloster leben) Johannes von Paltz. Er befasste sich um 1500 kritisch mit dem Brauch der Wallfahrten und unterschied zwischen lobens- und tadelnswerten Pilgerfahrten. Positive Wirkung hätten die von der Kirche genehmigten Fernwallfahrten wie nach Rom, ins Heilige Land, nach Einsiedeln, Aachen, Köln, Trier und Santiago de Compostela. Schlecht seien allerdings die Nahwallfahrten, die die Gläubigen nur davon abhielten, ihre eigene Pfarrkirche zu besuchen. Diese gälten daher als Teufelswerk. Paltz gab fünf Ratschläge, die jeder beherzigen solle, der nach „Laufen" und „Wallen" süchtig sei. Erstens möge derjenige vernünftig seinem Wunsch nach einer Wallfahrt widerstehen und auf seinen freien Willen vertrauen, zweitens sich von anderen einen guten Rat geben lassen, drittens ein Kreuz anschauen, welches Versuchungen des Teufels vertriebe, viertens Ruhe bewahren und fünftens schlafen gehen.

Die letzten Stationen bis nach Vacha

Gotha lag an der Kreuzung der Via Regia und des Weges von Würzburg nach Nordhausen (für Rompilger in Nord-Süd-Richtung) und war von 1640 bis 1920 Hauptstadt des Herzogtums Sachsen-Gotha und Coburg. Sehenswert ist die barocke Anlage des Schlosses Friedenstein, von 1643 bis 1654 erbaut. Berühmt wurde das Herzogtum nicht nur durch seine Verwandtschaft mit den britischen, bulgarischen und belgischen Königshäusern, sondern vor allen Dingen durch seine Verwaltung, seine Rechtsprechung und sein Schulwesen. Ernst Wilhelm Arnoldi

links: Der Domberg mit dem Dom Sankt Marien (links im Bild) und der Severikirche. Der Dom, ältester Kirchenbau in Erfurt, war schon im 8. Jahrhundert Bischofssitz. Die Severikirche gehört zu den bedeutendsten gotischen Bauten in Deutschland. 836 kamen die Gebeine des heiligen Severus von Ravenna nach Erfurt.

rechts: Die Wasserkunst in Gotha zwischen dem Gothaer Rathaus und Schloss Friedenstein am oberen Hauptmarkt

gründete hier 1821 die erste Versicherungsgesellschaft, die Vorbild für alle folgenden werden sollte: die Gothaer.

Auf dem Weg nach Eisenach überquert der Pilger den Hörselberg, einen kleinen Muschelkalkberg. In früheren Zeiten hätte sich dies kein Wanderer getraut. Zu groß war die Angst vor Wotan, der verführerischen Venus, Frau Holle oder manchen Hexen und Zauberern, die – je nach Epoche – hier gehaust haben sollen. Die berühmteste Sage ist wohl die vom Tannhäuser, der auf dem Weg zur Wartburg hier vorbeikam und in der Venushöhle verweilte.

Eisenach und die Wartburg gelten als Synonyme. Hier fand im Mittelalter der berühmte Minnesängerwettstreit statt, hier hielt sich die heilige Elisabeth mehrere Male auf, und hier übersetzte Luther das Neue Testament und warf mit einem Tintenfass nach dem Teufel. Doch für Pilger waren Klöster und Pilgerhospize wichtiger, in denen sie Essen und Unterkunft fanden. 1226 entstand auf Initiative der heiligen Elisabeth das „Elisabethklösterchen“, das von Landgraf Friedrich dem Ernsthaften 1331 instandgesetzt und mit Franziskanern zur Betreuung der Armen und Pilger besetzt wurde. Die Pilger verehrten in der Kapelle des Klösterchens den Mantel und Gürtel, Napf und Löffel der Heiligen.

Die Wartburg in Eisenach ist international bekannt. Der meistbesuchte Ort darin ist die Lutherstube. Dort hat Martin Luther die Bibel aus dem Griechischen ins Deutsche übersetzt.

Die Brücke über die Werra ist 700 Jahre alt. Eine Holzbrücke als Teil der Via Regia gab es schon im 12. Jahrhundert.

Vacha ist das Ziel des Ökumenischen Pilgerweges. Am Übergang über die Werra entstand im Mittelalter ein kleiner Marktflecken mit einem Kloster. In diesem Servitenkloster schrieb der Mönch Hermann Künig von Vach seinen im ausgehenden Mittelalter sehr beliebten Führer über den Pilgerweg nach Santiago de Compostela „Die walfart und straß zu sant Jacob“.

So ist Vacha zwar das Ende des Ökumenischen Pilgerweges, aber nicht das Ende der Wallfahrt. Auch heute kann der Pilger auf weitere, alte Via-Regia-Pfade zurückgreifen. Die Beschilderung des Weges wechselt zu einer liegenden Muschel auf weißem Grund und führt über Sünna nach Bremen in der Rhön. Von dort führt der Jakobsweg weiter nach Fulda und Würzburg. Und danach führen viele Wege nicht nur nach Rom, sondern auch nach Santiago de Compostela.

Info

Name: Wallfahrt zu Unserer Lieben Frau zu Zell
Ort: Wallfahrtsbasilika und Pfarrkirche Mariä Geburt (Mariazell), Mariazell
Hochtage: Patroziniumstag 8. September (Mariä Geburt), 21. Dezember (Gründungstag von Mariazell) sowie alle anderen Marienfesttage; ganzjährig

Superiorat Mariazell, Kardinal-E.-Tisserant-Platz 1
A-8630 Mariazell, Tel. +43 (0) 3882/2595-0
Fax +43 (0) 3882/2595-20
office@basilika-mariazell.at
www.basilika-mariazell.at

Mitten im Winter des Jahres 1157, kurz vor Weihnachten, sandte Abt Otker vom Benediktinerkloster Sankt Lambrecht (Obersteiermark) einen Mönch in das Hochtal, in dem heute Mariazell liegt und das zum Besitz des Klosters gehörte, um den dort lebenden Bergbauern den christlichen Glauben näherzubringen. Damals gab es dort nur kaum passierbare Wege und sehr wenige Menschen. Es wehte ein eisiger Wind und es lag meterhoch Schnee. In seinem Gepäck führte der Mönch ein Marienbild mit sich, eine aus Lindenholz geschnitzte Statue, die sich bald als hilfreich erweisen sollte. Als nämlich ein Felsbrocken den einzig gangbaren Weg versperrte, betete er zur Muttergottes, und schon spaltete sich der Felsen, der Mönch konnte weiterziehen. An seinem Bestimmungsort angekommen, setzte er die Madonnenstatue auf einen Baumstumpf und baute für sich und die Statue eine Zelle.

Um 1200 erweiterte Markgraf Heinrich Vladislav von Mähren sie als Dank für seine Heilung von einer schweren Krankheit zu einer romanischen Kapelle.

Die Lindenholzmadonna wurde bald zum Anziehungspunkt der einfachen Landbevölkerung, die vor ihr betete. Das ursprüngliche Gnadenbild ist nicht mehr erhalten. Die heutige Muttergottesstatue mit dem Jesuskind auf dem Schoß stammt aus der zweiten Hälfte des 13. Jahrhunderts. Jesus reicht seiner Mutter mit der Hand einen Apfel, während sie ihm eine Birne entgegenhält.

Der Mariazeller Gnadenaltar (1727) von Joseph Emanuel Fischer von Erlach

Mariazell wird populärer Wallfahrtsort

„Cell" wurde 1243 zum ersten Mal urkundlich erwähnt, 1330 ist die Wallfahrt nach Mariazell in einer Ablassurkunde des Salzburger Erzbischofs Friedrich III. belegt. 1344 erhielt der kleine Weiler das Marktrecht, doch erst ein Ereignis im Jahr 1365 machte Mariazell über die Grenzen hinweg bekannt. König Ludwig I. von Ungarn sprach den entscheidenden Sieg gegen die Türken der Marienzeller Madonna zu, die er aus innerster Überzeugung um Hilfe gebeten habe. Aus Dankbarkeit veranlasste er den Bau einer größeren gotischen Kapelle (ab 1380) und stiftete eine weitere Madonna. Daneben ließ Ludwig auch die Ungarnkapelle in Aachen und das Kloster in Tschenstochau – beides wichtige Marienwallfahrtsorte – bauen. Das auf Holz gemalte Madonnenbild stammt aus der Werkstatt des Andrea Vatti aus Siena und ist um 1360 entstanden. Die Heiligenscheine sind aus vergoldetem Silberblech gefertigt und mit Edelsteinen und Perlen besetzt. Dieses wertvolle Bild erhielt den Beinamen „Großherrin von Ungarn" und zog hauptsächlich Gläubige aus den osteuropäischen Ländern an. Als Papst Bonifatius IX. 1399 einen vollkommenen Ablass für die Woche nach der Oktav von Mariä Himmelfahrt gewährte, bedeutete dies den endgültigen Durchbruch für Mariazell als populärstem österreichischem Wallfahrtsort. Um 1400 verfügte Mariazell schon über mehrere Verkaufsstellen für Votivtafeln und Devotionalien, und ab 1500 verzeichneten die Pilgerlisten internationales Publikum aus Bayern, Böhmen, Frankreich, Italien, Kroatien, Polen, Deutschland, der Schweiz und Slowakien.

Die Wallfahrtskirche in Mariazell, seit 1907 mit dem Status der Basilica minor

Am 22. Mai 2004 kamen rund 100 000 Pilger aus vielen Teilen Mittel- und Osteuropas zu einer „Wallfahrt der Völker“ in die Steiermark nach Mariazell. Die Großveranstaltung bildete den Abschluss des sogenannten Mitteleuropäischen Katholikentages.

Habsburger Nationalheiligtum

In den Zeiten der Gegenreformation wird die Wallfahrt nach Mariazell zur habsburgischen Familientradition. Eine politische Funktion erhält Mariazell als religiöses Zentrum des Vielvölkerstaates. Die große Anzahl der Pilger erforderte bald einen Neubau der gotischen Kapelle. Dieser barocke Erweiterungsbau erfolgte unter Abt Benedikt Pierin von Sankt Lambrecht in den Jahren 1644 bis 1704. Papst Pius X. erhob die Kirche 1907 schließlich zur *Basilica minor*.

An der Ausgestaltung wirkten die damals bedeutendsten zeitgenössischen Künstler mit. So stammt etwa der Hochaltar, eine Stiftung von Kaiser Karl VI., von Johann Bernhard Fischer von Erlach. Kaiserin Maria Theresia stiftete der Kirche, in der sie übrigens ihre erste heilige Kommunion empfangen hatte, die Silbergitter für den Gnadenaltar, die von Joseph Emanuel Fischer von Erlach (Sohn von Johann Bernhard Fischer) entworfen wurden.

Die Krönung des Gnadenbildes

Die hölzerne Madonnenstatue ist normalerweise in ein prunkvolles Ornat gekleidet. Ohne ihr „Liebfrauenkleid“ ist sie nur am Patroziniumstag und am Gründungstag von Mariazell zu sehen.

1908 krönte der päpstliche Nuntius das Jesuskind und die mit dem Ehrentitel „Magna Mater Austriae“ versehene Madonna, zunächst mit Kronen, die aus dem Besitz des Erzbischofs von Gran gestiftet worden waren. 1957 wurden sie durch zwei Kronen ersetzt, die von Otto von Habsburg stammen. Diese Kronen dürfen immer nur mit päpstlicher Erlaubnis abgenommen, gewechselt und wieder aufgesetzt werden.

Pilgerwege nach Mariazell

Seit 1981 besteht ein rund 1100 Kilometer langes Wegesystem durch Österreich, das durch die Bundesländer Wien, Niederösterreich, Oberösterreich, Burgenland, Steiermark und Kärnten verläuft und auf traditionelle Wallfahrerwege zurückgreift. Diese Wege sind außerdem eine Verbindung der entsprechenden Landeshauptstädte Wien, Sankt Pölten, Linz, Eisenstadt, Klagenfurt und Graz. Zahlreiche Wanderführer liefern dem Interessierten dazu detaillierte Informationen.

Die Wanderwege rund um Mariazell sind heutzutage bestens ausgebaut und beschildert – anders als im 12. Jahrhundert, als der Ort zur Wallfahrtsstätte wurde.

Info

Name: Wallfahrt zur heiligen Hemma von Gurk
Ort: Dom zu Gurk, Gurk
Hochtage: 27. Juni; ganzjährig

Pfarramt Gurk, Domplatz 11, A-9342 Gurk
Tel. +43 (0) 4266/8236-13, Fax +43 (0) 4266/8236-16
pfarre@dom-zu-gurk.at, www.dom-zu-gurk.at

Unter www.hemmapilgerweg.com finden sich viele alte, wieder belebte Pilgerrouten durch die Länder und Regionen, in denen Hemma verehrt wird (Slowenien, Kroatien, Kärnten, Steiermark). Ein Pilgerführer zu diesen Wegen ist erhältlich bei der Katholischen Aktion Kärnten, Tarviserstraße 30
A-9020 Klagenfurt, Tel. +43 (0) 463/5877-2401
Fax +43 (0) 463/5877-2399
ka.gs@kath-kirche-kaernten.at
www.kath-kirche-kaernten.at

Gurk ist nach dem gleichnamigen Fluss benannt, der durch das Tal in Kärnten fließt und bedeutet „die Gurgelnde“. Wie bei so vielen Orten, besonders Wallfahrtsorten, war es das Zusammentreffen mehrerer Ereignisse, das die kleine Gemeinde bekannt gemacht hat. Wäre Kärnten nicht im Lauf der Geschichte an Bayern gefallen, hätte die Familie der heiligen Hemma nicht das Gurktal geschenkt bekommen, wäre Hemma ein dauerhafteres Familienglück beschert gewesen, wäre ihr Leben wahrscheinlich profaner verlaufen. Hätte die heilige Hemma nicht so reichlich geerbt und daher so viele Ländereien besessen, hätte sie nicht so viele Kirchen gegründet, und so weiter und so fort ...

Der Dom von Gurk ist ein bedeutender romanischer Kirchenbau.

Geboren wurde Hemma um die Jahrtausendwende (das Geburtsjahr ist nicht genau belegt) als Gräfin von Friesach-Zeltschau. Später heiratete sie Markgraf Wilhelm im Sanntal. Durch ihre Herkunft und den frühen Tod ihres Mannes gehörte sie zu den reichsten Frauen ihrer Zeit. Sie besaß ausgedehnte Ländereien im Gurk- und Metnitztal sowie den Nebentälern, um Friesach und Völker-

Die Krypta unter dem Gurker Dom fasziniert durch ihre 100 Säulen aus Kärntner Marmor.

markt in Kärnten, im Friaul, in der Obersteiermark (Enns-, Palten-, Liesingtal), der Untersteiermark im Sanntal und zwischen den Flüssen Sann, Save und Sotla (Kroatien) sowie der Unterkrain zwischen Save und Gurk/Krka. Aus all diesen Gegenden pilgern Gläubige nach Gurk und verehren die heilige Hemma. Neben den beiden Klöstern Admont im Ennstal und Gurk hat Hemma überall im Land weitere Kirchen gegründet: Grafendorf bei Friesach, Lieding, Glödnitz, Sankt Radegund am Hohenfeld, Lorenzenberg bei Micheldorf, Sankt Georgen am Weinberg, Sankt Margarethen bei Töllerberg und Sankt Lambert auf dem Haimburgerberg.

Bittere Verluste

Die Legenden um die heilige Hemma sind vielfältig. Angeblich hat sie ihre beiden Söhne, auf deren Geburt sie sehr lange gewartet haben soll, unter gewaltsamen Umständen verloren. (Hemma gilt auch als Schutzheilige der Schwangeren und wird bei unerfülltem Kinderwunsch angerufen. Es soll hilfreich sein, zu diesem Zwecke unter ihrem Grabsarkophag, der auf Säulen steht, hindurchzukriechen.) Die vermeintlichen Kindsmörder wurden von ihrem Mann ohne Verfahren und Urteil hingerichtet, der daraufhin nach Rom pilgerte, um Buße zu tun. Auf dem Rückweg starb auch er. Infolge dieser Schicksalsschläge wandte sich Hemma vom weltlichen Leben ab und setzte ihr Erbe zum Bau von Klöstern und Kirchen ein.

Sie selbst lebte zurückgezogen auf ihrem Gut im Gurktal und errichtete dort nicht nur eine Pfarrkirche (Sankt Johannis, 1892 zerstört), sondern auch ein Kloster mit Marienkirche. Der Ort wurde der Legende nach durch ein Gottesurteil bestimmt: Es wurden zwei Ochsen mit einem Karren voller Baumaterial das Tal hinaufgetrieben. An der Stelle, wo das Gespann weder durch Zureden noch durch Antreiben weitergehen wollte, wurde 1043 die Klosterkirche errichtet. Dieses Stift für adelige Damen ohne festes Regelwerk war mit einem reichen Besitz ausgestattet, der schon bald Begehrlichkeiten weckte. Erzbischof Gebhard von Salzburg löste das Stift, in dessen Kirche die am 29. Juni 1045 verstorbene Hemma begraben lag, schon 1072 wegen des Lebenswandels der Nonnen wieder auf und investierte das Kapital des Stifts in die Gründung des neuen Bistums Gurk.

Der Dombau

Mit dem Dombau wurde 1140 begonnen – ob an der Stelle der alten Marienkirche des Klosters oder daneben, ist nicht belegt. Nach Fertigstellung der Krypta – architektonisch sehenswert mit ihren 100 Säulen – im Jahr 1174 wurden die Gebeine der Hemma feierlich erhoben und in den Dom überführt. Die Gesamtbauzeit dauerte noch bis 1220.

Der berühmte Hemma-Pilgerritt findet jedes Jahr statt. Die Reiter tragen auf dem Weg von Sankt Georgen nach Gurk traditionelle Kostüme.

Am Grab der Heiligen

Die Verehrung der Hemma als Heilige ist früh belegt, wurde sie doch mit einigen Wunderheilungen und anderen wundersamen Begebenheiten in Verbindung gebracht. 1359 erhielten Gläubige einen Ablass von 40 Tagen, wenn sie eine Messe zum Gedenken der heiligen Hemma besuchten. Ab 1370 wird in den Quellen eine Wächterin am Grab der Heiligen erwähnt, was auf einen großen Pilgerandrang schließen lässt, denn die Pilger brachten zur Erinnerung gerne eine Devotionalie mit nach Hause (was sich bis heute nicht geändert hat). Von 1465 an sind die verschiedenen Bestrebungen der Gurker Bischöfe belegt, eine Heiligsprechung der Hemma beim Papst zu erwirken, doch diese erfolgte erst 1938 durch Papst Pius XI.

Die Verehrung heutzutage

Der Festtag der heiligen Hemma scheint im Laufe des 16. Jahrhunderts von ihrem dokumentierten Todestag am 29. Juni, der auch Peter und Paul gewidmet ist, zunächst auf den 28., dann auf den 27. vorverlegt worden zu sein. Eine dreitägige große Feier vom 27. bis zum 29. Juni ist zu ihrem 700. Todestag im Jahr 1745 überliefert. Eine der größten Wallfahrtsbewegungen überhaupt war die „Krainer Wallfahrt“ am vierten Sonntag nach Ostern von Krain (Slowenien) über den Loiblpass nach Gurk, die für 1609 das erste Mal belegt ist. Seit vor einigen Jahren die alten Pilgerwege nach Gurk neu ausgeschildert wurden, lebt diese Wallfahrt neuerdings wieder auf.

Auch im italienischen Friaul hatte die heilige Hemma Landbesitz. Den Monte Lussari, einen der schönsten Berge in den Ostalpen, erreicht man über einen Pilgerpfad.

Info

Name: Wallfahrt zum heiligen Nikolaus von Flüe
Ort: Pfarr- und Wallfahrtskirche Mariä Himmelfahrt, Sankt Theodul und Sankt Mauritius, weitere Kapellen der Gegend, Flüeli-Ranft
Hochtag: 25. September; ganzjährig

Katholisches Pfarramt, Pilatusstraße 3
CH-6072 Sachseln, Tel. +41 (0) 41/6601424
Fax +41 (0) 41/6620388, Kaplanei Flüeli-Ranft
CH-6073 Flüeli-Ranft, Tel. +41(0) 41/6601480
Fax +41 (0) 41/6612085, Wallfahrtssekretariat
Sachseln Pilatusstraße 2, Postfach 125
CH-6072 Sachseln
Tel. +41 (0) 41/6604418, Fax +41 (0) 41/6604445
www.bruderklaus.com, www.sachseln.ch

Als Sohn eines Bergbauern 1417 auf dem Flüeli (Felsen) geboren, durchlief Nikolaus für seine Verhältnisse eine bemerkenswerte Karriere. Er kam im Laufe der Jahre nicht nur zu einem bescheidenen Wohlstand und führte eine glückliche Ehe mit seiner Frau Dorothea, die er 1446 heiratete und mit der er zehn Kinder hatte, sondern er war auch Vertrauensmann der Kirchgenossen in Sachseln, Ratsherr in Obwalden und fungierte als Schiedsmann in Streitfragen, auch

Flüeli Ranft

Nikolaus von Flüe, der sich Bruder Klaus nannte, auf einem Holzschnitt von 1860

kirchlichen. Doch wie Zeitgenossen berichteten, war er auch ein Getriebener, heimgesucht von Visionen und zeitweise tief in sich gekehrt, abwesend.

Die Abkehr von der Welt

1467 legte Nikolaus von Flüe unvermittelt alle öffentlichen Ämter nieder, nahm mit Einverständnis seiner Gattin Abschied von der Welt und machte sich auf eine Pilgerreise mit unbekanntem Ziel. Doch er kam nicht weit – eine innere Stimme zwang ihn zur Umkehr, und statt in weiter Ferne lebte er fortan als Einsiedler nicht weit von seinem Heimatort, in einer Schlucht der Melchea, im Ranft (Rand). Nur kurze Zeit blieb er hier unbemerkt, in einem aus Laub und Ästen gebauten Unterschlupf hausend. Schon bald kamen Gläubige und Pilger zu ihm, um seinen Segen oder Rat zu erbitten. Nicht nur seine Abkehr von weltlichen Dingen ließ Bruder Klaus, wie er sich nun nannte, für seine Zeitgenossen zu einer Autorität werden – Spott gab es natürlich auch –, sondern sein übermenschliches Fasten galt darüber hinaus als besonderes Zeichen seiner Gottgefälligkeit. Er soll sich bis zu seinem Tod am 21. März 1487 von nicht mehr als Wasser und der heiligen Kommunion ernährt haben. Bereits 1468 erbaute man ihm als Zeichen der Verehrung eine Kapelle, die Maria, Maria Magdalena, dem Heiligen Kreuz und den 10 000 Rittern geweiht war. 1469 wurde sein Fasten vom Konstanzer Bischof und der geistlichen Behörde offiziell festgestellt und daraufhin nie wieder bezweifelt.

Vater des Vaterlandes

Aber nicht nur Gläubige holten sich Rat bei Bruder Klaus, sondern auch die Schweizer Eidgenossen. 1481 war der Krieg gegen den burgundischen Herzog Karl den Kühnen gerade beendet, die sogenannten Burgunderkriege, in denen die Schweizer um ihre Existenz kämpften. Nun konnte man sich nicht einigen, wie das zukünftige eigene Staatengebilde auszusehen habe und wer wie viel von der Beute erhalten solle. Die ehemaligen Bündnispartner beendeten ihre Vertragsverhandlungen in Stans am Vierwaldstätter See ohne Ergebnis.

Die Schweiz stand kurz vor einem Bürgerkrieg, als sich Pfarrer Heimo Amgrund auf den Weg zu Bruder Klaus machte. Nach einer langen Nacht kehrte er am nächsten Tag zur Versammlung zurück, mit einem Ergebnis, das nicht nur die bisherigen Eidgenossen annehmbar fanden. Die neue Lage führte darüber hinaus zur Aufnahme der Stadtkantone Freiburg und Solothurn in den Bund, der in dieser Form bis 1798 Bestand hatte. Den Inhalt dieses Ratschlags kennt bis heute niemand, aber Bruder Klaus erhielt den Ehrentitel „Vater des Vaterlandes" und ist bis heute der Nationalheilige der Schweizer.

Die Wallfahrt zu Bruder Klaus

Mit der Beisetzung der Gebeine in der kleinen Kirche von Sachseln begannen die Wallfahrten im großen Stil, sodass bald eine zweite Kapelle gebaut werden musste. 1679 wurden die Gebeine von Nikolaus in die neue, große Pfarrkirche überführt. Hier sind sie in einem schwarzen Marmorschrein aufgebahrt, der anlässlich Nikolaus' Heiligsprechung 1947 vergoldet wurde. In einem Glasschrank ist der originale Bruder-Klausen-Rock ausgestellt, der 1975 einer Restaurierung unterzogen wurde. Gläubige hatten immer wieder Stoffstücke herausgeschnitten, weil man ihm heilende Kräfte bei Krankheiten nachsagte.

Wer sich heute nach Sachseln oder Flüeli-Ranft begibt, findet die verschiedenen Lebensstationen von Bruder Klaus vor (Ranft, Geburtshaus, Grab). Wege durch die Region und solche, die die wichtigen Wallfahrtsorte miteinander verbinden, sind ausgeschildert.

In diesem Haus wohnte der Schweizer Nationalheilige Bruder Klaus (Nikolaus), bevor er Einsiedler wurde. Im Sommerhalbjahr ist das Haus ein Museum.

Info

Name: Wallfahrt zur Madonna del Sasso
Ort: Wallfahrtsbasilika Santa Maria Assunta (Mariä Himmelfahrt), Orselina
Jeden Sonn- und Feiertag findet um 11 Uhr ein Gottesdienst in deutscher Sprache statt, deutschsprachige Pilger werden von Pater Leopold betreut. Eine deutschsprachige Internetseite zum Wallfahrtsort bieten die Kapuziner unter www.kapuziner.org

Municipio di Orselina, Via al Parco 18
CH-6644 Orselina, Tel. +41 (0) 91/75913-70
Fax +41 (0) 91/75913-79, info@orselina.ch
www.orselina.ch

Locarno ist nicht nur ein beliebter Ferienort, sondern auch der meistbesuchte Wallfahrtsort in der italienischsprachigen Schweiz. Ziel unzähliger Pilger und Touristen ist die Wallfahrtskirche Santa Maria Assunta (Mariä Himmelfahrt) in Orselina, auf einem Felsen über Locarno, in der die Madonna del Sasso *(sasso* = Stein) genannte Marienstatue verehrt wird.

Die Vision

Die Marienverehrung an dieser Stelle geht auf einen Mönch des in Locarno beheimateten Klosters San Francesco zurück. Bruder Bartolomeo d'Ivrea hatte die Gewohnheit, samstags und vor jedem Marienfeiertag bei Wasser und Brot zu fasten. 1480, in der Nacht vor Mariä Himmelfahrt, sei ihm die Gottesmutter auf dem gegenüberliegenden Berg, dem Sasso della Rocca, erschienen. Daraufhin zog er sich als Eremit auf diesen Berg zurück und veranlasste, dass eine Sitzmadonna nach seinen Angaben geschnitzt wurde. Zum anderen gab er den Bau einer ersten Kapelle in Auftrag. Doch seine Ruhe fand er hier nicht, denn die Kunde von der Marienstatue und seiner Vision verbreitete sich rasch. Pilger kamen, um zu beten und ihn um Rat zu bitten, sodass zur Betreuung der Gläubigen ein erstes *casa del padre* (Haus des Paters) entstand. Kurze Zeit später entstand ein kleines Kloster mit rund einem Dutzend Mönchen, um die Betreuung der Pilger zu gewährleisten.

Bruder Bartolomeo starb 1513. Er wurde in der kleinen, 1502 geweihten Kirche „Madonna dell'Annunziata" am Fuße des Berges beigesetzt.

Bis 1848 belegten Franziskaner das Kloster, dann wurden sie von der Revolution verjagt, ihr Eigentum wurde konfisziert. Mit der Errichtung des neuen Bistums Lugano übernahmen die Kapuziner, die bis heute hier tätig sind, die Betreuung des Klosters.

Der Heilige Berg

Wie an anderen Orten in Norditalien entstand auch auf dem Sasso della Rocca ein *sacro monte*, ein heiliger Berg, mit den verschiedensten Gebäudekomplexen: Wallfahrtskirche, Kloster und verschiedene Kapellen. Hoch zur Kirche führen zwei Wege: der Kreuzweg *(via crucis)* von 1621, der mit zwölf Kapellen den Leidensweg Christi

links: Die Wallfahrtskirche Madonna del Sasso thront auf Felsen hoch über dem Lago Maggiore (Tessin).

rechts: Die Kirche liegt etwas oberhalb der Stadt und ist die Hauptsehenswürdigkeit von Locarno. Die Gründung von Madonna del Sasso geht auf eine Muttergotteserscheinung im Jahr 1480 zurück.

beschreibt, und der Lichtweg *(via lucis)*, der in den Kapellen von der Verkündigung über den Besuch Marias bei Elisabeth bis hin zu Weihnachten und dem Dreikönigstag die Lebensstationen Marias beschreibt. Im Klosterhof befindet sich die Grablegungskapelle, in der menschengroße Figuren diese Szene nachstellen. Der Aufstieg zur Kirche führt an zwei weiteren Kapellen vorbei, die noch auf Bruder Bartolomeo zurückgehen: eine mit dem Pfingstwunder und die andere mit einer Pietà. Die letzten Stufen münden auf den Kirchplatz mit seiner himmlischen Aussicht über den Lago Maggiore. Die Wallfahrtskirche, 1918 zur *Basilica minor* erhoben, wurde 1616 geweiht, und ein Jahr später zu Pfingsten krönte der päpstliche Nuntius Sarego die Madonnenfigur, die an diesem Tag auch das erste Mal in einer Prozession durch Locarno getragen wurde.

Der Architekt Alessandro Ghezzi überarbeitete Ende des 19. Jahrhunderts die Fassade der Wallfahrtskirche im Stil der Neu-Renaissance, während das Innere seine barocke und rokokohafte Ausstattung bewahrt hat.

Eine wandernde Madonna

Neuen Aufschwung erlebte die Wallfahrt zur Madonna del Sasso durch ein einmaliges Ereignis im Jahr 1949. Vier Monate lang, vom 3. März bis zum 3. Juli, begab sich die Madonna auf Pilgerreise durch das Tessin, von Dorf zu Dorf, von Pfarrkirche zu Pfarrkirche, was ihr eine neue Popularität verlieh.

Der heilige Meinrad, Ende des 8. Jahrhunderts geboren, wurde auf der Reichenau erzogen und zum Priester geweiht. Zunächst war er am Züricher See als Lehrer tätig, dann suchte er am Etzel die Einsamkeit, 835 zog er sich in den Finstern Wald zurück und richtete sich dort eine Klause ein. 861 wurde er von zwei Räubern, die er beherbergt und bewirtet hatte, erschlagen. Seine beiden zahmen Raben verfolgten die Täter jedoch, sodass sie gefasst werden konnten. Bestattet wurde Meinrad in seinem Heimatkloster Reichenau. 1039, als Einsiedeln schon eine berühmte Benediktinerabtei war, brachte man seine Reliquien an den Ort zurück, an dem er zu Tode kam.

Um 900 folgten einige Mönche dem Beispiel Meinrads und zogen sich in die Wildnis des Finstern Waldes zurück. Da, wo seine Klause stand, errichteten sie eine kleine Kapelle, die sie dem Erlöser weihten. Dass an dieser Stelle ein Kloster entstehen konnte, das zu den berühmtesten Wallfahrtsorten des Mittelalters der Schweiz und über die Schweiz hinaus werden sollte, ist Eberhard von Nellenburg zu verdanken, der rund 100 Jahre nach Meinrad diesen Ort der Stille und der Meditation für sich entdeckte. Eberhard war Domherr in Straßburg und sehr vermögend.

Info

Name: Wallfahrt zur Schwarzen Madonna von Einsiedeln
Ort: Kloster- und Wallfahrtskirche Mariä Himmelfahrt, Einsiedeln, Schweiz
Pilgerzeiten: Patrozinium 15. August (Mariä Himmelfahrt), 14. September (Kreuzerhöhung, Fest der Engelweihe); ganzjährig

Benediktinerabtei Einsiedeln, CH-8840 Einsiedeln
Tel. +41 (0) 55/41861-11, Fax +41 (0) 55/41861-12
kloster@kloster-einsiedeln.ch
www.kloster-einsiedeln.ch

links: Die Schwarze Madonna wird an Festtagen bekrönt und mit entsprechend feierlichen Gewändern bekleidet.
rechts: Das Benediktinerkloster Einsiedeln

Was ihn bewogen haben mag, sein komfortables Leben in Straßburg zugunsten harter, entbehrungsreicher Arbeit in der Wildnis aufzugeben, ist nicht überliefert, aber sein Werk existiert noch heute. 934 ließ er von seinem Vermögen auf dem Grund der heiligen Kapelle, der ihm von Schwabenherzog Hermann I. geschenkt worden war, eine Klosteranlage errichten, die 947 von Kaiser Otto I. anerkannt wurde. Bis zu seinem Tod 958 war Eberhard von Nellenburg dort als Abt tätig.

Das Wunder der Engelweihe

Als hätte die Verehrung des heiligen Meinrads nicht schon genug Gläubige aus der Region angezogen, sollte die Weihe der Klosterkirche 948 durch den heiligen Konrad, Bischof von Konstanz, ein Wunder auslösen. Nachdem Eberhard die Klosterkirche im August Maria und Mauritius geweiht hatte, sollte die Erlöserkapelle am 14. September durch Konrad geweiht werden. Doch in der Nacht vor der Weihe hatte der Bischof einen Traum. Er sah, wie Jesus Christus in einem

Innenansicht der Klosterkirche

purpurfarbenen Messgewand vom Himmel herabstieg und in der Kapelle an den Altar trat. Die Evangelisten setzten ihm die Mitra auf, Petrus hielt den Hirtenstab, die Engel schwangen das Rauchfass und sangen mit Erzengel Michael im himmlischen Chor. Viele Heilige waren bei der Messe anwesend, in der Christus die Kapelle seiner Mutter Maria widmete.

Diese Legende zeigt die Faszination des Gedankens, der die Gläubigen zu einer Wallfahrt bewegte, dass nämlich Christus höchstselbst eine Kapellenweihe vornahm; darüber hinaus wird hier die Wandlung von der ursprünglichen Erlöser- zur Marienkapelle erkennbar.

Die Engelweihlegende ist seit dem 12. Jahrhundert schriftlich belegt. Ein Jahrhundert später erfolgten die ersten größeren Marienwallfahrten nach Einsiedeln. Aus der Wegstation nach Santiago de Compostela, die Einsiedeln eine lange Zeit „nur“ war, wurde ein eigenständiger Wallfahrtsort.

Die Schwarze Madonna

Die Madonna von Einsiedeln gehört zu den berühmten schwarzen Madonnen in Europa. Das ehemals helle, fast weiße Gesicht und die Hände sind vom Ruß der unzähligen Kerzen und Öllampen und dem Weihrauch schwarz geworden. Das heutige Gnadenbild ist eine stehende Madonna im gotischen Stil, mit dem Jesuskind auf dem linken Arm und einem Zepter in der Rechten. Sie kam 1466 in die Kapelle. Ein Jahr zuvor waren die alte Kapelle und mit ihr die ursprüngliche Marienstatue verbrannt. Rund 130000 Pilger feierten damals die neue Engelweihe. An Feiertagen wird die Statue in verschiedene kostbare Gewänder gehüllt und bekrönt.

Die Flucht der Madonna

Mehrmals konnte die neue Madonna vor der Zerstörung bewahrt werden, hauptsächlich durch Feuersbrünste, die das Kloster verschiedentlich heimsuchten. Auch die Reformation, die aus der Schweiz ein calvinistisches Land machte, stellte eine große Bedrohung dar, aber der Einfall der Franzosen 1798 brachte die Madonna in ernsthafte Gefahr. Sie sollte als Kriegsbeute nach Paris geschickt werden. Wohlweislich hatten die Mönche eine Kopie auf den Gnadenaltar gestellt, während ein Mitbruder die Madonna unter Einsatz seines Lebens außer Landes brachte. Als der Betrug in Paris festgestellt wurde, erfolgte der Befehl, Einsiedeln – allem voran die Gnadenkapelle – zu zerstören. Nach dem Abzug der Franzosen 1803 kam die echte Madonna nach Einsiedeln zurück und erhielt einen provisorischen Platz in der Klosterkirche. Aber was war mit ihr passiert?

Gesicht, Hände und Füße erstrahlten in frischem, hellem Hautton. Ein österreichischer Restaurator hatte die rußgeschwärzten Partien gereinigt. In der gläubigen Bevölkerung erhob sich lauter Protest, sodass die Madonna mit schwarzer Farbe übermalt wurde, bis sie ihr gewohntes Äußeres wiederhatte.

Das Kloster Einsiedeln in seiner heutigen Form ist das Resultat der Arbeiten Kaspar Moosbruggers in den Jahren 1719 bis 1735. An der Innenausstattung wirkten so bekannte zeitgenössische Künstler mit wie Joseph Anton Feuchtmayer, Cosmas Damian Asam und sein Bruder Egid Quirin Asam. Nach der Zerstörung durch die Franzosen musste vor allem die Gnadenkapelle wieder einmal erneuert werden. 1817 wurde die neue, nun sehr prächtige Kapelle geweiht.

Rund um das Kloster

Zum Kloster gehört ein Kreuzweg, dessen zwölf Stationen von Pilgergruppen gestiftet und vom örtlichen Künstler Alois Payer zwischen 1930 und 1939 bildhauerisch umgesetzt worden sind. Er führt vom Klosterplatz zum Kreuzberg mit seiner 13 Meter hohen Kreuzigungsgruppe hinauf. Auf dem Kirchplatz spendet der Frauenbrunnen von 1686 Pilgern einen erquickenden Schluck Wasser. In der Mitte des Brunnens befindet sich eine Marienstatue. Aus 14 Wasserröhren – als Symbol für die 14 Nothelfer – sprudelt das Wasser, dem Heilkräfte nachgesagt werden.

Personenregister

Kirchen und Klöster

Ablass – Verringerung einer Strafe für begangene Sünden, sozusagen ein Nachlass auf das Strafmaß (nicht die Sünde an sich wurde vergeben). Wenn also eine Wallfahrt mit einem Ablass verbunden war, bedeutete das für den Pilger, dass ihm seine Strafe teilweise oder ganz erlassen wurde. Pilgerfahrten wurden im Mittelalter mitunter als Strafe bei schwersten Vergehen wie Totschlag, Vergewaltigung oder Mord verhängt oder mit anderen Strafen kombiniert. Gab es für eine Wallfahrt eine Ablassgewährung zu bestimmten Zeiten, stieg der Ort schlagartig in der Gunst der Pilger. Im späten Mittelalter wurden Ablässe oft missbraucht, man konnte sie z.B. kaufen, ohne eine bußfertige Gegenleistung erbracht zu haben. Dieser Ablassverkauf war einer der Hauptkritikpunkte Martin Luthers. Erst auf dem Konzil von Trient (Mitte 16. Jh.) wurde das Ablasswesen geändert.

Basilika minor – Als Erzbasiliken (Basilica maior) werden die vier Hauptkirchen Roms bezeichnet. Der Papst kann bedeutenden Kirchen außerhalb Roms den Titel Basilica minor verleihen. In Deutschland haben bisher 70 Kirchen diesen Ehrentitel erhalten.

Beichte – Das persönliche Schuldbekenntnis vor einem Priester.

Bruderschaft – siehe Seite 64/65

Buße – Abwendung von der Sünde und die Leistung, die jemand erbringen muss, um seine Schuld wiedergutzumachen und Vergebung bei Gott zu erlangen.

Erhebung – Auffinden und Bergen der Gebeine von Heiligen und Märtyrern, um sie an einen anderen Ort zu bringen, zu überführen (siehe Translatio).

Gnadenbild – Bild oder Statue eines katholischen Heiligen, das verehrt wird und vor dem Gebete verrichtet werden; vergleichbar mit Ikonen in der Ostkirche.

Heilige – Menschen, die im Glauben an Gott trotz widrigster Umstände, unter Gefahr für ihr Leben, standhaft geblieben sind und dafür vom Papst heiliggesprochen wurden. Sie dienen dem einfachen Gläubigen als frommes Vorbild und als Fürsprecher bei Gott. Heilige sind somit Vermittler. Für den Menschen im Mittelalter war es unvorstellbar, sich ohne einen Fürsprecher direkt an Gott zu wenden. Heute ist der Besuch von Wallfahrtsorten eher ein besonderes Glaubensbekenntnis.

Hochfest – eins der höchsten Feste im Kirchenjahr. Man unterscheidet Hochfeste des Herrn (z.B. Weihnachten, Ostern usw.), Hochfeste der Gottesmutter und Hochfeste der Heiligen. Hierfür wird oft das Geburts- oder Sterbedatum gewählt.

Hospital/Hospiz – Im Mittelalter kostenlose Herberge für mittellose Menschen, also auch für Pilger, die dort ein warmes Essen erhielten und übernachten durften.

Märtyrer – Gläubige Christen, die für ihren Glauben gestorben sind, weil sie z.B. bestimmte Dinge, wie Anbetung eines Götterbildes oder Teilnahme an heidnischen Riten, für nicht vereinbar mit ihrem Glauben hielten. Die Anerkennung eines Menschen als Märtyrer geschieht seit 1634 durch den Papst. Diese Anerkennung ist Voraussetzung für eine öffentliche Verehrung.

Oktav – achttägige Festwoche nach einem kirchlichen Fest

Patron/Patrozinium – Schutzheiliger/Schutzherrschaft eines Heiligen für eine Kirche oder Gemeinde, ein Land, Bistum, eine Berufs- oder Bevölkerungsgruppe.

Pilger – Das Wort leitet sich vom lateinischen *peregrinus* ab und meint einen Menschen, der dauerhaft in der Fremde lebt. Seit dem Mittelalter auch die Bezeichnung für Menschen, die sich aufgrund ihres Glaubens auf eine Reise in die Fremde begeben. Im übertragenen Sinne gibt der Pilger seinem Leben auf der Pilgerreise eine neue Wendung hin zu Gott – oder versucht dies zumindest.

Reliquie – körperliche Überreste oder Gegenstände eines Heiligen wie Gebeine, Kleidung, Schmuck usw. Durch die Anwesenheit eines Heiligen vor Ort in Form von Reliquien war für den Gläubigen ein direkter Weg zu Gott hergestellt.

Säkularisation – Überführung von geistlichem Besitz (Land oder Vermögen) in weltlichen (Staat). Die Säkularisation wurde ausgelöst durch die Französische Revolution und fand insbesondere nach 1800 statt.

Translatio – Überführung der Gebeine, der Reliquien von Heiligen an einen anderen Ort.

Stift – siehe Seite 35 und 130

Wallfahrt – Synonym für Pilgerreise oder, im Gegensatz zur Pilgerreise, die oft nur ein einmaliges, längeres Ereignis im Lebens eines Gläubigen darstellt, das regionale, institutionalisierte, sich wiederholende Geschehen um einen Gnadenort.

Wallfahrtsort – eine besonders geheiligte Stätte. Hier hat sich meist ein Wunder zugetragen, oder es existiert eine Reliquie.